스위트 홈

전세사기 피해자들의 주거 여정 이야기

오지은 기록

일러두기

— 인터뷰는 2024년 상반기에 진행했습니다.
— 구술 내용에 등장하는 이름은 일부 가명으로 처리했습니다.
— 구술자의 사투리나 입말을 살린 표현들이 있습니다.
— 도서와 법률 이름은 『』, 영화나 연극 제목은 「」, 언론사 이름은 ○, 기사 제목은 ""로 표기하였습니다.

차례

9

시대를 공유하는
한 명의 시민으로 띄우는 이야기

프롤로그

21

창문 있는 전셋집에서 비로소 겨울 이불을 샀다

박현수(1985), 서울

59

연극으로 다 말할 순 없겠지만

김수정(1983), 서울

99

탈당 신고서

정태운(1992), 대구

143
화장실이 집 안에만 있으면 괜찮다고 생각했다
서은하(1988), 서울

181
피해를 말할 수 없는 사회에서 말하기로 했다
박혜빈(1992), 대전

215
로프를 타는 순간이 편할 때도 있어요
정창식(1982), 대전

243
'신혼 닭꼬치'의 기쁨을 빼앗긴 집
이재호(1991), 수원

271
집은 새로운 경험으로 계속 변모하는, 공간

하정(1977), 서울

311
삶이 궤도에 올랐다 여긴 순간에

김승현(1990), 부천

345
'덜렁덜렁'한 계약은 없었다

이철빈(1993), 서울

389
'모기 밥상'과 다시 만난 세계

에필로그

시대를 공유하는
한 명의 시민으로 띄우는 이야기

프롤로그

시대를 공유하는 한 명의 시민으로 떠우는 이야기

즐거운 곳에서는 날 오라 하여도
내 쉴 곳은 작은 집 내 집뿐이리
내 나라 내 기쁨 길이 쉴 곳도
꽃 피고 새 우는 집 내 집뿐이리
오 사랑 나의 집
즐거운 나의 벗 내 집뿐이리

—「즐거운 나의 집」(Home Sweet Home), 존 하워드 페인(John Howard Payne) 작사, 김재인 번안

노랫말 한 편이 본질을 간명하게 담을 때가 있다. 보이는 모양은 문화에 따라 계급에 따라 천차만별이겠지만, 집의 본질은 이 노랫말로 표현하기 충분하지 않을까?
살기 위해, 우리는 집으로 간다. 어느 좋은 곳으로 가든지 돌아올 곳은 결국 집이다.

먹고 잠자고 깨어 나갔다가 돌아오는 삶이 있는 자리. 부유하든 가난하든 가장 많은 걸 걸고 집을 확보하는 건 그 때문이다. 확보한 집에서 우리는 가능한 미래를 계획한다. 돌아올 곳이 없다면 계획할 수 있는 미래는, 아마 없을 것이다.

  이 책은 전세사기 피해자들이 거친 주거 여정에 관한 이야기다. 각자 기억 속의 첫 집부터 사기 피해를 당한 집까지, 스스로 꾸렸으며 또한 꾸려갈 생활에 관한 이야기이다. 전세사기 사태가 보도되기 시작할 때를 떠올리면, 나는 피해자들에게 깊은 동질감을 느꼈다. 역시나 억대 대출로 전셋집을 구했던 시기를 돌이켜보니 100% 전세사기를 당했을 매물을 본 적이 있었다. '그 집은 누구에게 결국 폭탄으로 돌아갔을까.' 2019년과 2021년에 집을 보던 사람들 중에 나도 있었는데, 지금 내가 딱히 할 수 있는 게 없다는 사실이 답답했다. 그대로 시간은 흘렀다. 이직을 하고 적응해 안온한 일상을 보내던 어느 날, 주간지를 읽다가 피해자들 대열 맨 앞에서 활동하는 이의 얼굴을 확인하고 깜짝 놀랐다. 이철빈 씨였다. 몇 년 전 일했던 잡지사에서 대학생 독자로 인터뷰했던 사람. 그가 사망한 '빌라왕'의 피해자이자 '전세사기·깡통전세 피해자 전국대책위원회' 공동위원장으로 서 있었다. 문제의 집에서 독자를 응시하듯 바라보는 눈빛에 문득 머리가 띵했다.

이렇게 가만히 있을 수만은 없겠다는 생각이 들었고, 며칠 후 보신각 집회로 향했다.

피해자 접촉 한 번 없이 정부가 내놓은 전세사기 특별법 개정을 촉구하는 자리. 예보대로 미친 듯이 비가 왔고, 시위자들은 비옷을 입고 서 있었다. 그 앞으로 물줄기는 내리치다 말다 왔다 갔다 하는데, 각지에서 올라와 연단에서 발언하는 피해자들의 목소리만은 맑다 못해 쩌렁쩌렁했다. "전세사기는 정부의 관리 부실로 생긴 재난입니다. 재벌 건설사들의 미분양 아파트 매입에 들어갈 세금은 있고 국가가 만든 제도에서 죽어 가는 국민을 살릴 예산은 없단 말입니까.

도대체 누구를 위한 국가입니까." "제가
사는 지역구는 부산에서도 피해자가 많고,
굵직한 사건이 많은 곳입니다. 애 낳기
좋은 지역 만들어준대서 투표했습니다.
그런데 피해자 이야기는 듣지도 않습니다.
2세 계획이고 뭐고 다 포기하고 제2의
고향 같은 부산을 떠날 계획 중입니다.
오늘 정당에서 오신 분 있으면 말씀드리려
했는데 국민의힘만 딱 안 나오셨네요."

    그날로 책의 이야기는 시작됐다.
시간이 날 때마다 가까운 집회 자리를
찾으면서 피해자들 집 이야기를 조금씩
들을 수 있었다. 왜 '해명하고' 싶지
않겠는가. 정부는 특별법 제정 전부터
책임을 인정하지 않는 태도로 일관했다.

프롤로그

"전세사기가 사회적 재난이라는 데 동의하지 않는다. … (적용 대상을) 너무 폭넓게 잡으면 '진짜 피해자'들이 구제를 못 받을 수 있기 때문에 불가피하게 구분선을 짓는 것이다." (원희룡 국토교통부 장관)
사실상 정부가 발표한 전세사기 특별법은 (전세보증금 채권이 부실채권이 된 상태에서 금융 채무만 남은) 임차인에게 추가 대출을 받게 하는 지원책이 골자였음에도 일각에서는 '혈세'를 운운하며 특별법 자체에 의문을 제기했다. 정부가 키운 잡음이었다. 사회적 재난이 아니라면 특별법을 제정하는 건 그 자체로 이상한 일이 아닌가. 무엇보다 피해자들은 대체로 전세제도 안에서 절차대로 움직였고, 사기는 제도의 빈틈을 이용한 대규모 기획 범죄다. 오죽하면 그 빈틈을 가장 잘 알고 있을 '빌라왕' 중 한 명이 재판에서 정부의 부동산 정책 탓을 했을까. 그 시절 전셋집을 구할 때 내가 사기를 피한 건 그저 운 좋은 경우였음을 바로 알 수 있었다. 그럼에도 틈만 나면 정부는 책임을 돌리는 모습을 보였다. "전세를 얻는 젊은 분들이 경험이 없다 보니 덜렁덜렁 계약했던 부분이 있지 않을까 싶다"(박상우 국토교통부 장관) 피해의 구조적 맥락을 인지 못하는 듯한, 책임 인정에 인색한 정부 태도는 전세시장에서 각자도생 신호로 작용했다. 전세사기 피해자들은 애꿎은 목숨을 끊었고, 시세정보가 상대적으로 투명한 아파트

프롤로그

전세 보증금은 치솟았다.

그사이 이야기를 모은 이 책은 '간과한 피해'를 다루는 작업이 됐다. 자라온 배경, 사는 지역, 직업, 식구 구성도 다른 열다섯 분의 '주거 성장기'를 들으며 확신하게 됐다. (분량상 열 분의 이야기를 묶었다.) 전세사기 사태가 그들에게 남긴 가장 큰 상흔은 '돈'이 아니라 개인들의 멈춰진 삶 그 자체다. 제도에 대한 불신은 깊어졌고, 앞으로 주거 선택의 폭은 한계 지어졌다. 이 손상은 사태를 목격한 모두에게 번져 한국 사회 주거 문화의 부정적 요소로 남을 수 있다. 예방 수준의 제도 개선을 이루지 않는다면 말이다.

아무것도 아닌 사람이지만, 같은 시대를

공유하는 한 명의 시민으로 피해자들의 주거 여정을 기록했다. 죽을 때까지 계속할 그 여정에서 더 좋은 공간에 대한 꿈을 꾸는 사람이자, 나와 같은 사람들의 소망이 지켜지는 안전한 사회이길 바라는 한 사람으로 썼다. 이야기를 들려주신 분들도 같은 마음으로 시간과 경험을 내주셨다. 화려하지 않아도 저마다 단단한 삶을 품은 이분들의 집 이야기가 많은 사람의 마음에 가닿으면 좋겠다.

창문이 있는 전셋집에서 비로소
겨울 이불을 샀다

✿

박현수

박현수

1985년 서울에서 태어났다. 집에 대한 기억은 포이동의 단독 건물에서 시작한다. 초등학교 고학년에 이사한 아파트에서 IMF 다음 해 부모님이 돌아가셨다. 친척 집을 전전하다 법정 성년이 되자마자 고시원에서 독립을 시작했다. 두 개의 고시원, 내무반을 거쳐 다시 고시원으로 들어갔다. 마지막 고시원 폐업을 기점으로 10년여의 고시원 생활을 접고 '1.5룸' 전셋집을 구했다. 한 번의 계약 갱신 이후 신탁 전세사기를 당했다는 사실을 인지했다. 이 집에서 3년을 채 못 살고 2021년 겨울에 쫓겨났다. LH 긴급주거지원을 잠시 이용했고, SH 행복주택을 거쳐 전세사기 피해자에게 우선 공급하는 공공임대주택에 거처를 마련했다.

국회의사당 정문 앞은 내부로 진입 못
한 목소리들의 마지노선이다. 형형색색
플래카드를 두른 텐트들이 마치 담장처럼
자주 열을 짓는 곳. 그곳에서 현수 씨
목소리를 처음 들었다. 21대 국회 마지막
회기를 앞두고 있던 날 밤, 전국에서
『전세사기피해자 지원 및 주거안정에 관한
특별법』✿(전세사기 특별법) 개정을 촉구하는
집회가 동시다발적으로 열린 날. 보증금은
한 푼 못 돌려받고 첫 전셋집에서 쫓겨난
지 막 일주일 정도를 보낸 현수 씨도
참석했다. 맨 앞줄에서 첫 번째 전세사기
피해 사망자의 얼굴 없는 영정 이미지를

✿ 2023년 4월 27일 정부는 서울 종로구 정부서울청사에서 관계부처 합동으로
발표했다. 발표 직후 피해자 인정 요건이 지나치게 까다롭고 모호하며, 대책
실효성이 미미하다는 전문가들과 피해 당사자들의 지적이 있었다.

붙잡고 앉아 있던 그가 검은 마스크를 쓰고 단상에 올라 마이크를 잡았다.

"고시원하고 옥탑하고 반지하 중에 고시원을 가는 이유는요. 고시원에 사셨던 분이 계신가 모르겠는데 밥이랑 김치가 무료로 나와요. 그만큼 아낄 수 있었던 거죠."

현수 씨가 성인이 되고 가장 오래 산 집은 고시원이다. 집 기억이 시작되는 공간은 서울 포이동✿의 단독 건물. 아버지 사업이 잘되면서 초등학교 고학년 때 중계동의 아파트로 이사했다. '학세권'으로 유명한 중계동 '은행사거리' 학원에 다니며 그룹 과외도 받았던 90년대 초중반,

✿ 2008년 이후 개포동으로 편입됐다.

현수 씨는 부족함 없던 어린이였다. 그런 날들이 지속되지 못한 건 "IMF가 집으로 들어왔"기 때문이다. 아버지 사업장은 외환위기가 터지고 치솟는 금리에 버티지 못했다. 외가 친가랄 것 없이 가족 빚까지 쌓인 아버지는 1년 뒤 결국 도산했다. 부모님이 극단적 선택을 했던 어느 날 밤 이후로 현수 씨에겐 집이 없어졌다. 가시방석 같은 친척 집을 전전하다 고시원 독립을 감행한 건 고등학교 졸업 전, 군 시절을 빼고 30대 중반까지 고시원 생활이 이어졌다. 밤낮이 따로 없는 매일 10시간 이상의 아르바이트 노동으로 삶을 지탱했다.

"젊으니까 다시 시작하면 되지 않느냐고

흔히 말하는데요. 10년 동안 모은 돈을
(전세사기로) 잃고, 솔직히 다시 그렇게 모을
자신이 없고요. 지금의 저는 죽을 용기도
없고 하루 벌어서 하루 살고 있는 삶을 사는
사람 중 한 명입니다."

 돈을 모았던 10년은 군 제대 이후 다시
입주한 고시원에서의 시간이다. 제대한
해 최저시급은 4000원. 첫 전셋집을 구할
때까지 현수 씨는 1억 원을 모았다. 이 돈을
종잣돈 삼아 신용대출 2천만 원을 더해
"노을 지는 풍경이 너무 아름다웠던" 첫
전셋집 보증금을 마련했다. 부모님과 단절
이후 처음 마련한 자신만의 집에서 비로소,
겨울 이불을 샀다. 창문 너머의 시간을
맛봤고, 아침에 일어나고 밤에 잠들 수 있는

직업을 구했다. 취미 활동을 만들며 새로운 관계로 들어갔다.

"한창 모든 게 정상이던" 시간을 정지시킨 건 전세사기, 현수 씨는 '신탁 전세사기'를 당했다. 신탁 건물은 소유자에게 담보대출을 해 준 금융기관이 근저당권을 설정하지 않고 담보재산의 소유권을 신탁회사에 맡긴 건물이다. 건물 소유자가 임대차계약을 직접 체결할 수 없다. 공인중개사도 집주인도 이 사실을 함구했다. 등기부등본 갑구에 표시된 신탁등기 의미를 묻는 현수 씨 질문엔 일반 대출의 한 종류인 것처럼 둘러댔고, 전세 계약 후 없어질 거라고 거짓말했다. "실질적인 집주인"이라며 계약을 진행한 집주인 대리인, 바지 임대인이던 집주인, 공인중개사가 협잡으로 벌인 임대차계약 사기였다.

현수 씨는 LH✤ 행복주택 입주를 앞두고 사기당한 사실을 인지했다. 집주인과 연락이 닿지 않는 상태에서 권리자가 보낸 퇴거 명령 내용증명서를 받고, 명도 소송을 당했다. 그렇게 첫 전셋집에서 3년을 채 못 살고 겨울에 쫓겨났다. 전세사기 특별법이 제정되고 가까스로 전세사기피해자등으로 인정받아 긴급주거지원을 받았다. 전 재산과 대출로 마련한 전세 보증금을 1원

✤ 한국토지주택공사. 국토교통부 산하의 준시장형 공기업이다. 토지의 취득·개발·비축·공급, 도시의 개발·정비, 주택의 건설·공급·관리 업무를 수행하게 함으로써 국민 주거생활 향상과 국토의 효율적 이용을 도모하여 국민경제 발전에 이바지함을 목적으로 한다.

한 푼 돌려받지 못한 상태에서 보증금 마련을 위한 새로운 대출을 받으려면 기존 대출을 무조건 상환해야 했다. 오롯이 친구들의 도움으로 개인 신용대출을 상환하고서야 다시 대출할 수 있었다. 혈혈단신 이룬 현수 씨의 10년여 노력은 한국의 임대차 제도 속에서 고스란히 빚으로 전환됐다.

행복주택에 입주하고 다시 평일에 11시간씩 일하고, 주말에도 단기 아르바이트를 뛴다. 친구들 돈은 다 갚았어도, 얼마 전까진 종잣돈이었다가 모조리 빚으로 돌변한 보증금 대출금이 버티고 있다. 죽을 용기가 없어서 산다고 말하던 그는 몇 시간의 긴 대화 끝에 말했다.

"어쩌면 행복하게 살고 싶었던 때로 다시 돌아가고 싶다는 마음도 한편에는 있는 것 같다"라고. 현수 씨에겐 여전히 포기하지 않은, 집에 대한 꿈이 있다.

박현수

'IMF가 들어온 집'에서 부모는 떠났다

어느 여름날 담장 위의 송충이들이 기억나요. 줄로 엮은 것처럼 한 방향으로 엄청 열심히 기어가고 있었거든요. 하굣길이었나? 걷다가 무심코 고개를 돌렸다가 보고 비명을 지르면서 막 뛰었죠. 초등학교 5학년 여름방학 중간엔가 아파트로 이사했거든요. 1996년일 거예요. 중계동으로. 아주 어릴 때부터 포이동 살았는데 단독주택 느낌이었던 거 같아요. 우리 식구만 사는 1층 건물이었는데 이상하게 마당 같은 건 따로 없었어요. 친구 집 마당을 보고 '우리 집은 마당이 없네' 생각했으니까. 동네에 그런 집이랑 고급빌라가 많았어요. 이사하고 친구들 보러 지하철을 타고 몇 번 포이동✿을 갔었네요.

✿ 2008년 이후 개포동으로 편입됐다.

창문 있는 전셋집에서 비로소 겨울 이불을 샀다

 이사 첫날인가? 자다가 새벽에 깨서 어머니랑 산책했던 장면이 머릿속에 있어요. 전학 처리하고 새 학기 준비하고 그런 이야기를 했고요. 근처에 큰 공원이 있었거든요. 하나로마트도 있었는데 지금은 롯데마트가 됐어요.

 그땐 돈 귀한 줄 몰랐어요. 엄청 잘 사는 건 아니어도 넓은 아파트로 갔고, 중계동 '은행사거리' 학원들 다니면서 유명한 선생님 스터디반 같은 것도 따로 했거든요. 해외여행까진 아니어도 휴가 때면 세 식구가 제주도로 놀러 가고, 남들 속초로 떠날 때 우린 비행기 타고 제주도 간 거죠. 거기서 처음 잠수함도 타 봤고요. 비쌌는데 제가 타고 싶다고 하니까 다 같이 탔거든요. IMF 터지기 전엔 모자람이 없었던 거 같아요. 90년대엔 지금처럼 치킨이나 피자를 자주 시켜 먹는 문화가 아니었잖아요. 가족끼리 가끔 먹는 거지. 그런데 집에 친구들 데려오면 어머니가 치킨이나 피자 같은 거 시켜주시고, 맛있는 것도 차려주셨어요. 피자헛 가라고 따로 돈을 주기도 하셨고. 친구 데려오는 걸 좋아하셨어요. 가정주부셨는데 여장부 같으셔서 집은 어머니가 정한 규칙대로 움직였고요. 그래서 우리 집은 절대 야식을 못 먹었어요.

어느 날 집에 빨간딱지가 다 붙었어요. 아버지 사업이 많이 안 좋게 돼버려서…. 원래는 직장인이셨어요. 사업을 하신 게 제가 초등학교 4학년 때인가? 일이 잘되면서 아파트로 이사한 건데, 이사하고 1~2년 있다가 아버지 사업이 많이 안 좋아졌어요. 제가 중2 때니까, IMF 다음 연도일 거예요. 아버지가 대출도 하고 뭐도 하고 그러던 상황이 희미하게 기억나요. 뭔가 잘못된 거죠. 버티려고 여기저기 돈 빌린다는 얘기를 들었던 기억도 얼핏 나요. 친가 외가에도 빌린 돈이 많으셨어요.

부모님이 저랑 같이 '안 좋은 선택'을 하려고 하셨어요. 그날 새벽 두세 시였을 거예요. 그런 느낌 있잖아요 뭔가 싸한. 너무 무서워서 저는 집을 나왔는데 그때 부모님이 먼저 가셨어요. 그 일로 안 좋은 기억이 많아서 잊고 살려다 보니 당시 기억을 이야기하는 게 좀 힘드네요. 감정이 격해지면 잠깐 화장실 갈 수도 있어요. 미리 양해 구할게요.

  부모님 장례 치르고 제가 애물단지가 됐어요. 처음엔 외할머니 집으로 갔는데 1년밖에 못 살았어요. 막냇삼촌한테도 아버지 빚이 있었거든요. 눈치가 보여서 제가 이모네도 갔다가, 이모네서도 비슷한 문제로 이 집 저 집 옮겨 다니게 됐죠. 고등학교 졸업할 때까지 친가 외가를 전전했어요. 그래서 인문계 고등학교로 진학한 거고요. 거의 학년 바뀔 때마다 전학을 다니는 형편이니까. 원래는 직업학교를 갈까 고민했는데, 거기는 전공을 정해야 하잖아요. 고2 땐 정말 힘들었어요. 집을 너무 자주 옮겨서 학교를 멀리까지 다녔거든요. 이모네 살다가 작은아빠랑 살다가 고모네 살다가. 마지막엔 다시 외할머니 집으로 갔어요. 7호선 라인으로 이사하고 전입신고를 했었는데 도봉산 쪽이었나 그보다 조금 아래쪽이었나.

  학교에서는 잤어요. 밤에 못 잤거든요. 어디서 지내도 너무 눈치 보여서 집에 잘 안 있었어요. 저 때문에

어른들이 방문 닫고 싸우는 소리를 몇 번 들으니까
있을 수가 없어서, 봄에서 가을까지는 거의 새벽 내내
밖을 싸돌아다니다가 학교 갈 시간 가까워지면 제일
일찍 등교해서 종일 잤어요. 겨울엔 어쩔 수 없이 집에
있었지만요. 이야기하다 보니 신기하네요. 그렇게
밖에만 있었는데 소위 일진이랑 안 어울렸다는 게.
짐이 없으니 옮겨 다닌다고 이사랄 것도 없고, 같은
구에서 이동하거나 걸어서 한 시간 이내 거리면 다
걸어 다녔고요. 마지막으로 다닌 고등학교에서 중학교
때 친했던 친구들 몇을 다시 만나서 지금까지 친구로
지내요. 계속 전학했어도 허물없이 대해줬거든요. 우리
집 이야기를 들었을 텐데 놀리고 그런 게 없었어요.
그래서 고등학교 때 기억이 비교적 많나 봐요. 여기저기
옮겨 다니고 전학하고 이런 게 대부분이지만요. 교복은
졸업한 선배들이 두고 간 것 중에 큰 거 골라 입었어요.

창문 있는 전셋집에서 비로소 겨울 이불을 샀다

고시원에서 고시원으로

겨울방학 때였어요. 고등학교 졸업 앞두고 해 바뀌자마자 외할머니 집을 나온 게, 고시원 들어갈 수 있는 나이만 기다렸거든요. 전단지 같은 거 보면서 싼 방만 찾고, 학교나 친구 집 컴퓨터로 혼자서 살 수 있는 방법들 인터넷 검색하다가 고시원을 알았고요. 졸업 전부터 피시방 아르바이트해서 모은 돈이 70만 원 정도였을 거예요. 그걸로 무작정 고시원 갔어요. 저 때문에 트러블 생기는 상황을 도저히 못 견디겠더라고요. 그게 너무 싫어서 도망치듯 나온 게 마지막이에요, 친척들이랑은. 연락은 온 적도 제가 한 적도 없고요. 이 집 저 집 다니면서 말 없이 나간 적이 많으니까 또 다른 곳으로 갔나 보다 하셨을 거예요.

 되게 허름한 고시원이었어요. 피시방에서 한 정거장 거리였으니까 7호선 먹골역 근처였을 텐데⋯ 무지 추운 날 들어간 건 확실히 기억해요. 완전 1월이었거든요. 두세 벌 여분 옷만 가지고 몸만 갔는데, 주인아주머니가

전에 살던 사람 이불이라도 괜찮으면 덮으라고
주셨어요. 방에 침대는 있는데 이불이 없어서. 그날
정말 많이 울었어요. 왠지는 모르겠는데 그냥 많이 울다
잠들었어요.

  월 19만 원이었나? 가격이 쌌어요. 조리 공간 없고,
세탁실하고 씻는 곳만 있었거든요. 방도 진짜 작았는데
한 2평 됐을까 모르겠어요. 딱 침대랑 진짜 작은 옷장만
있었고요. 옷 여덟아홉 벌 걸면 끝나는. 복도엔 가끔
바퀴벌레가 나왔는데 희한하게 방에서는 안 나왔어요.
못 본 걸 수도 있고요. 그때는 김밥이 천 원이었으니까
김밥 사 먹거나 편의점에서 라면 사 먹었어요. 스무
살이라 뭘 먹어도 많이 먹기만 하면 됐거든요. 8개월
정도 살다가 일 때문에 다른 고시원으로 옮겼어요.
피시방 사장이 바뀌면서 아르바이트생 새로 구한다고
통보해서 다른 데 일을 구했거든요. 계절 바뀌고 여름옷
몇 벌 산 거 말고는 짐이 없었어요.

  두 번째 고시원은 책상이 있었어요. 22만 원이었을
거예요. 이때부턴 편의점 알바도 했어요. 야간에

피시방에서 일하고 퇴근하면서 아침에 바로 편의점
출근하고 점심 때 끝났어요. 식비 빼고는 다 모았죠.
군대 가기 전에 최대한 돈을 모아야 제대하고 어디든
바로 들어가서 살 수 있잖아요. 언제 영장 나올지
모르니까 직장 구하기도 그렇고요. 그렇게 1년 반 정도
지내다가 추석 전 9월에 육군으로 입대했어요. 군대가
안 좋기만 했던 건 아니에요. 밥도 주고 잘 곳도 있고,
조금이지만 돈도 주고.

　전역 후에도 고시원 들어갔어요. 밥하고 김치가
무료거든요. 첫 고시원 빼고는 그랬어요. 전역하고 바로
직업이 있는 것도 아니고 군대 가기 전이랑 군대에서
모은 돈이 전부니까. 신림역과 신대방역 사이에 있는
곳이었는데 사장님 부부가 운영했어요. 4평까진
아니고 한 3.5평? 이제는 책상에 책장, 수납공간도
따로 생겼으니 전보다 나아진 거죠. 35만 원에 창문은
없었고요. 있으면 40만 원인데 당시에 5만 원은 거의
한 달 교통비거든요. 창문이 없어서 잠을 오후에 자도
별로 지장이 없었어요. 빛이 안 들어오니까. 사람들 출근

시간에 자고 잘 시간쯤 출근하면 한 곳에서 오래 살아도 사람 마주치기 힘들어요. 씻을 때나 빨래할 때 공유 공간에서 가끔 마주치면 "안녕하세요" 인사 정도는 하고 지냈지만요. 거기서 9년을 살았어요. 전세사기 당한 집 들어가기 전까지. 군대 있을 때나 회사 다닐 때 빼면 밥은 거의 혼자 먹었죠.

아르바이트만 계속할 수밖에 없었던 이유

제대하고 1년 정도는 입대 전처럼 투잡했어요. 오전에 편의점 일하고 오후에 자고 야간에 피시방 일하면서. 그러다 2010년에 직업을 처음 얻었어요. 현금 수송 업체에 취직했거든요. ATM기에 현금이 떨어지지 않게 지역별로 출동해서 현금 채우는 일을 했고요. 아침 8시 반까지 출근인데 말이 그렇지 8시 10분까지 갔어요. 20분 정도는 그날 기계 돈 상황을 듣거든요. 동선 짜고 돈 받아서 9시 출발하면 급한 곳부터 시작해서 은행은 오후 4시 전까지, 나머지는 최대한 오후 6시까지 일을 끝내고 퇴근하는 거였죠.

  2년 못 다니고 그만뒀어요. 사무실 관리직이랑 우리 현장직 관리자 사이에 갈등이 생기면서 일이 힘들어졌거든요. 근본적으로는 관리 시스템 변경의 문제였는데 같이 일하는 사람끼리 편이 갈리고 기싸움도 생겼어요. 그 영향으로 현장직 코스 관리가 엉망이 됐고요. 우리 퇴근이 한없이 늘어지고, 일도 이상한 방식으로 힘들어지고, 고래 싸움에 새우 등 터진다고, 꼬였죠 뭐. 한 3개월 정도 계속 그러니까 많이들 그만뒀어요. 그때 현장 팀장을 맡고 있었는데 앞에 팀장들이 동시에 주르륵 그만두면서 결국 저도 그만뒀고요. 일하면서 기계 문제로 골때렸던 적도 있는데, 그런 건 기계만 해결하면 괜찮아졌거든요. 그런데 동료들이 서로 이상하게 싸우면서 일을 어렵게 만드는 건 견디기 너무 힘들더라고요. 이해도 안 되고. 회사 생활은 내 성격에 안 맞는구나 싶어 그만둔 거예요. 워낙 추가 수당 붙는 휴일 근무를 도맡아서 아르바이트

뛸 때보다 급여는 올랐었는데⋯.

 전처럼 일을 여러 개 했어요. 평일엔 다시 편의점이랑 피시방, 주말엔 택배 상하차 아르바이트. 제일 만만하죠. 그때가 20대 중후반이네요. 이즈음 프랜차이즈 피시방이 막 나왔어요. 제가 일하는 피시방도 서울에 20여 개였고요. 한 지점 고정이 아니라 그날그날 지원이 필요한 지점으로 일하러 갔어요. 아르바이트생 관리하면서 직원처럼 일하던 형이 권했거든요. 한 지점에서 일하는 것보다 몸은 더 힘들어도 돈은 더 받는다고. 그 형 눈에 제가 돈만 열심히 버는 게 보였던 거 같아요.

 돈 버는 걸 멈출 수가 없어서, 그래서 계속 아르바이트한 거예요. 뭔가 자격증 공부라도 하려고 학원 같은 데 가면 당장 수입이 끊기거든요. 명절 기간에도 일부러 상하차 알바했어요. 택배 특수라 돈을 더 주거든요. 남들 쉰다고 저도 일을 쉴 수는 없잖아요. 회사 다닐 때 빼고는 4대 보험료 나가는 것도 너무 아까워서 소득세 3.3%랑 건강보험료만 냈어요.

노을 지는 풍경에 반했던 집,
처음으로 상상한 '행복'

전셋집 알아본 건 고시원이 문을 닫는다고 해서. 사장님 부부랑 별로 마주칠 일도 없었는데 정리하실 때 고맙다고 하셨어요. 한 번도 돈을 안 밀렸다고요. 또 고시원으로 갈까도 고민했는데 10년 넘게 살면서 정신적으로 너무 피폐해져서. 그때가 2018년이네요. 월세를 가자니 돈 모으기 힘들겠고, 그동안 모은 돈으로 전셋집을 구하기로 한 거예요. 1억을 모았거든요. 전세로 살면 그 돈은 보장되니까.

혼자 집 구하면서 인터넷으로 알아보니까 여러 부동산이 공통으로 추천하는 집을 찾으라고 하더라고요. 동네에서 거리가 좀 있는 부동산 세 군데를 돌았더니 정말 세 곳이 한 집을 추천했어요. '괜찮은 매물인가 보다' 생각했죠. 제가 봐도 다른 매물들은 교통이 안 좋거나 하나 이상 약점이 다 있었는데, 추천받은 집은 딱히 나쁜 점이 없었거든요. 지하철은 가깝지 않아도 바로 앞에 버스 정류장이 있었고, 지은 지 2년 된 빌라✤ 건물이었고요. 1.5층 분리형 원룸이 8평 정도 됐나 봐요.

해 질 녘에 이 집을 보러 갔어요. 마침 창문으로 노을 지는 풍경을 봤는데 얼마나 예쁘던지…, 행복하게 살고 싶다고 처음으로 느꼈어요. 그때까지 죽는 게 무서워서 살고 있었거든요, 살고 싶어서가 아니라. 어렸을 때 그 일 당하고부터는요. 창문 때문에 그 집을 고른 게 컸어요. 창이 되게 컸거든요.

10년 만에 고시원을 나오고 행복하더라고요. 전보다 여유도 생기고. 고등학교 졸업 이후로 쭉 먹고사는 데 급급했는데, 월세를 안 내니까 훨씬 살 것 같았어요. 처음으로 산 물건이요? 두꺼운 겨울 이불이요. 그동안 없었거든요. 한 고시원에서 9년 살았어도 늘 '언제 나갈지 모른다' 생각하면 짐을 최소화하게 돼요. 겨울에도 여름 이불 두세 장 겹쳐 덮었죠. 가게

✤ 원래 뜻과 달리 우리나라에서는 4층 이하 소형 공동주택을 지칭하는 말로 주로 쓰인다.

창문 있는 전셋집에서 비로소 겨울 이불을 샀다

폐업하는 곳에서 막이불 같은 거, 만 원에 팔 때 산 거, 전셋집에서는 침대는 아니지만 매트리스도 사 넣고 맘 놓고 겨울 이불 덮고 잤어요. 점차 필요한 물건들도 사고요. 핸드폰으로만 보는 게 답답해서 TV 사고, 또 돈 모아서 컴퓨터도 장만하고, 그리고 처음으로 가구를 샀어요. 장롱 두 짝. 처음엔 행거를 샀는데 너무 없어 보이길래. 냉장고랑 전자레인지도 새 걸로 샀어요. 기본 가전은 다 있는데 너무 작고, 전 세입자가 쓰던 거라 왠지 맘에 안 들었거든요. 밥 먹을 접이식 상도 하나 놓고, 집에서 빨래가 너무 안 마르길래 나중에 작은 건조기도 하나 주문했고요. 놓을 자리 미리 재고 맞춰서 2019년엔 그렇게 하나씩 하나씩 살림을 장만했어요. 2020년엔 옷을 사고, 배달 음식 시켜 먹는 사치도 부려봤네요. 신림역 '가이즈앤걸즈'라는 옷가게에서 주로 쇼핑했어요. 평균 가격대가 1만 원~1만 5천 원이거든요. 마음에 여유가 좀 생겼던 거 같아요. 보증금이긴 해도 나한테 1억이라는 큰돈이 있다는 생각에.

처음으로 아르바이트를 쉬었어요. 서너 달
정도 버티려고 따로 모은 돈을 쓰면서 바리스타랑
라테아트 자격증을 땄고요. 노동부에서 교육 비용
지원해주잖아요. 그담에 카페 취직해서 점장으로
일한 지도 벌써 5년이 넘었네요. 오피스 상권이라
거의 평일만 출근해요. 아침에 깨고 밤에 잘 수 있는
게 얼마나 좋던지. 덕분에 취미 생활이라는 것도 처음
가졌었네요. 어릴 때 IMF가 집에 들어오기 전에는
게임을 좋아했거든요. 가까운 사람들이랑 보드게임하는
거. 인터넷에서 보드게임 모임 찾아 나가고, 친해지고
같이 노는 사람들도 생겼었어요. 사기당한 걸 알고
나서는 못 나가게 됐지만요.

깨어 있는 시간엔 '한 푼이라도
더 벌어야 한다'는 생각만

계약 전에 확인하라는 거 다 했어요. 등기부등본을

보니까 갑구에 집주인 명의랑 신탁회사가 나와 있어서 알아봤고요. 부동산 쪽에서는 먼저 일언반구 없길래 제가 물어본 거예요. 인터넷에도 신탁 부동산 정보가 없었거든요. 신탁 전세사기 터지기 시작한 게 2020년 중반부터에요. 사기당하고 다시 검색했을 때 2020년 6~7월쯤 기사가 신탁 관련 사기 중에 가장 오래된 기사였고요. 부동산이랑 임대인 쪽에서는 집 지을 때 은행 대신 돈 빌려주는 회사라고, 전세금 들어오면 등기부에서는 다 없어질 예정이라고 했어요. 부동산에서 문제없다니 '그렇겠지' 싶으면서도 왠지 찜찜해서 다른 집을 찾고 싶다고 했었고요. 그랬더니 집주인 대리인이라는 사람이 나서서 보증금 반환일에 대해 변호사 공증을 해주겠다고 하더라고요. 비용도 본인들이 부담하고요. 법적으로 인정해주는 것처럼 들렸어요. 공증받으면 무슨 문제 생겨도 괜찮은 건 줄 알았고요. 그렇게 집주인 대리인이랑 계약했어요. 실질적인 집주인은 자기라고 했거든요. 집을 많이 갖고 있어서 세금 문제 때문에 명의만 조카 앞으로 해놓은 거라면서.

도장도 다 들고 다닌다고 보여주고요.

 2019년 1월 첫 토요일에 가계약하고 월말에 잔금 치르고 이사했어요. 쫓겨날 때까지 3년 좀 안 되게 살았네요. 계약 기간 다 채워 갈 때쯤 저도 공공임대라는 걸 알게 되고, 한창 행복주택✿을 신청하고 있었어요. 건물 관리인한테서 계약을 연장할 거냐고 연락이 왔고요. 행복주택이 되면 중간에 나가야 한다고 했더니, 다음 세입자 구해지고 복비만 내면 괜찮다고 하더라고요. 그래서 연장했어요. 3개월 후에 행복주택에 당첨돼서 바로 집주인한테 연락했는데 안 받더라고요, 관리인도. 다음날도 그다음 날도 그다음다음 날도 연락을 안 받으니까 뭔가 싸했어요. 전년도부터 전세사기가 터지기 시작했거든요. 연초에 있었던 사건도 떠오르고…. 설 지나고 갑자기 인터넷 끊기고, 수도세 독촉장이 날아왔었어요. 관리비 6만 원에 수도랑

✿ 젊은 계층의 주거불안 해소를 위해 국가 재정과 주택도시기금을 지원받아 대중교통이 편리하고 직주근접이 가능한 부지에 주변시세보다 저렴하게 공급하는 공공임대주택.

인터넷도 포함인데 저는 밀린 적 없이 열심히 냈고요. 실질적 건물주의 여동생으로 관리인이 바뀌고 벌어진 일인데, 그땐 연락하니까 바로 처리됐어요. 그게 집주인 쪽과 마지막으로 닿은 연락이었던 거죠.

  집에서 가까운 부동산에 좀 물어보러 갔어요. 그 있잖아요. 동네마다 있는 엄청 오래된, 최소 10년은 있었을 것 같은. 사장님한테 제 상황을 설명 드리고 주소 알려드리니까 바로 표정이 안 좋아지셨어요. 사기 터진 건물 같다고…. 그 건물을 보러 오는 사람들이 있다면서 이미 매물로 나온 것 같다고 하시더라고요. 그렇게 처음 알았어요. 집으로 돌아가서 바로 우리 건물에 있는 다른 집들을 다 방문해서 알렸고요. 다가구✿ 빌라라 집주인이 같은데, 아무도 집주인이랑 연락이 안 됐어요. 내가 사기당한 게 점점 더 확실해지고, 막막했죠.

✿ 건축법상 단독주택으로 분류되고, 하나의 소유물로 간주해 단독 등기가 이루어진다. 19세대 이하가 독립적으로 거주할 수 있다. 지하층 제외 3개 층 이하, 한 개 동의 주택으로 쓰이는 바닥 면적 합계가 660㎡ 이하이다. 이렇듯 법적 구조와 세대 수, 등기 방식에서 큰 차이가 있으나, 다세대주택과 자주 혼동된다.

행복하게 살고 싶어졌다고 했었잖아요. 사기당한 사실을 알고 나니까 그런 생각이 없어지더라고요. 취미 활동도 생기고 한창 모든 게 정상이었을 땐 좋아서 절로 모임에 나갔는데, 더 이상 나가고 싶지 않았어요. 모든 게 다 시간 낭비가 돼버린 거예요. 깨어 있는 시간에 한 푼이라도 더 벌어서 빨리 돈을 갚아야 한다는 생각밖에, 그 생각밖에 안 드니까.

쫓겨난 이후로 다시, 휴일 없이 투잡 쓰리잡

"얼추 3년 사셨네요. 그냥 월세 300만 원짜리 집에서 살았다고 생각하세요." 법률구조공단 변호사님이 그러더라고요. 제 서류 다 보더니 너무 아무렇지도 않게, 그때 되게 많이 좀 그랬어요…. 무료 상담이라고 해도 '변호사가 저렇게 말할 정도면 정말 가망이 없나 보다' 그 생각밖에 안 들었거든요. 예약도 쉽지 않고, 서류란 서류는 전부 챙겨 갔는데.

　평일에 처음으로 일을 쉰 날이었어요. 상담 끝나고 공단 근처 작은 공원 벤치에서 그냥 멍하니 한 서너 시간을 있었어요. 뭘 어떻게 해야 할지 모르겠어서요. 이사하고 천천히 필요한 살림 사느라 다시 저금한지 5~6개월 정도 됐을까? 몇 개월 뒤면 행복주택 입주인데 수중엔 500만 원이 전부고, 갑자기 돈을 어떻게 구하겠어요. 2천만 원 대출받은 이자는 어떻게 처리해야 하나 싶고. 그때까지도 4대 보험 가입을 안 해서 대출이자를 4% 내고 있었거든요. HUG✿ 전세피해지원센터✿✿도 없을 때고, 전세사기 특별법도 다음 해 6월부터나 시행되기 시작했고요.

　퇴거하라는 내용증명서 날아온 게 2020년 6월이에요. 사기 인지하고 두 달 만이었고요. 잠수 중인 집주인을 형사고소하고 7월 초에 피해자

✿ 주택도시보증공사. 주거복지 증진과 도시재생 활성화를 지원하기 위해 주택도시기금법에 따라 설립된 공기업이다. 각종 보증 업무 및 정책 사업을 수행하고 주택도시기금을 운용 관리한다.
✿✿ 2023년 9월 28일 강서구 화곡동에 처음 생겼고 점차 전국으로 확대됐다.

조사받고 나니까 바로 명도소송✿ 들어오더라고요. 8월에 법원에서 우편이 날아왔는데 다행히 카페에서 아르바이트했던 친구 통해서 뭐가 뭔지 안 거예요. 그 친구 부모님이 법원 사무직이란 소리 들은 기억이 나서 제가 물어봐달라고 부탁했거든요. 당장 나가라는 거라고 하더라고요. 이대로면 11월 말쯤 명도소송 판결나고 바로 쫓겨날 거라고.

발만 동동 구르다가 전세피해지원센터 생기자마자 찾아갔어요. 저는 6개월 단위로 2년까지 살 수 있는 긴급주거지원 대상이 되더라고요. 어떻게 길거리에 나앉진 않을 수 있겠는데, 행복주택 입주 보증금은 여전히 문제였어요. 당장 보증금 한 푼도 못 돌려받는 상황에 새 보증금을 마련하려면 또 대출해야 하니까. 상황이 정말 급박하게 돌아갔어요. 중소기업청년 대상으로 100% 대출해주는 상품✿✿에 가입할 수

✿ 경매를 통해 부동산을 낙찰받고 대금을 지급한 후 6개월이 지났음에도 인도명령 대상자 등이 부동산의 인도를 거절하는 경우, 매수인이 관할법원에 부동산을 명도(건물을 비워 넘겨줌)해달라고 제기하는 소송이다. 승소 판결을 받으면 강제집행 권한이 생긴다

있는 나이가 4개월 남았었거든요. 기존 대출 2천만 원은 무조건 상환해야 하고. 그런데 2천만 원은 너무 큰돈이잖아요. 어쩔 수 없이 친구들한테 사기당한 사실을 털어놓고 도와달라고 했어요. 친구 다섯이 나눠서 빌려준 2천만 원으로 대출 갚고, 행복주택 계약금도 내고, 새로 보증금 대출을 또 받았어요. 그 과정에서 4대 보험도 가입한 거예요. 그래야 이자율이 낮다고 해서.

 집에서 쫓겨난 게 11월 말, 긴급주거지원 받은 집에서 3개월 살았어요. 그렇게 큰 집은 처음이었네요. 17평 정도 투룸 빌라였거든요. HUG에서 임대인 대신 대위변제하고 압류한 집이라고 그러더라고요. 대부분 깡통전세였던 매물이라고. 이런 집들은 경매로 되팔거나 웬만하면 공공임대주택 매물로 남긴다고 들었어요. HUG가 쓴 대위변제금이 어마어마하잖아요.

✿✿ 중소기업청년대출. 중소·중견기업에 재직 중인 청년들을 위해 주택도시기금이 전월세 보증금을 대출해주는 제도로, 줄여서 중기청 대출로 통용된다.

앞으로도 나오면 더 나왔지 줄진 않을 거예요. 저는
그다음엔 가까스로 행복주택 입주했다가, 전세사기
특별법 시행되면서 공공임대주택에 입주했어요.
전세사기피해자등으로 인정받은 피해자 중에 드물게
조건이 됐거든요. 집을 또 전전했고, 행복주택 들어간
후로는 다시 일주일 내내 일해요. 평일은 비나 눈 오는
날 빼고는 카페 퇴근하자마자 걸어서 하는 배달을
해요. 다음 날 출근이니까 밤새는 못 하고, 주말은 택배
상하차하고요. 친구들 돈 갚는데는 6개월 걸렸어요.
30대 중반 꺾이니까 정말 힘드네요. 휴일 없이 일주일
내내 투잡 쓰리잡 계속 뛰는 게.

죽지 못해 사는 삶이지만

저한테 한 집을 추천해 줬던 부동산 세 곳이
한통속이었어요. 하필, 운도 없죠. 다 전세사기에
연루됐더라고요. 집주인은 조카가 아니고 바지 임대인,

건물 관리인은 바람잡이였고요. 관리인도 나중엔 실질적인 집주인의 여동생으로 바뀐 거고요. 부동산들은 중개사법 위반으로, 바지 임대인인 집주인과 그 대리인은 사기죄로 각각 재판받는 중이에요. 그 일당 피해자만 70명이 넘어요. 피해액은 80억 이상이고요. 사기에 가담한 부동산이랑 바지 임대인만 각각 4~5명에 집주인 대리인 아들까지 합세했더라고요.

  1심 공판 때 판사님이 방청석에 피해자가 있는지 물은 적이 있어요. 저만 있었던 날인데, 하고 싶은 말 있으면 하라고 하시더라고요. 그런 경우가 잘 없대요. 생각나는 것만 말했어요. 피해자 회복을 위해서 노력한다는 사람이 피해자한테 먼저 연락도 안 하고 피해자 연락을 받지도 않고 무슨 피해 회복을 논하느냐고. 피고가 그날 피해자들 회복을 위해 백방으로 노력하고 있었다고 주장했거든요.

  판결은 징역 4년. '이게 맞는 판결인가…' 어안이 벙벙했죠. 전세사기 잘만 치면 연봉 10억은 된다는 말 나오는 건 이상하지도 않아요. 꽤 많이 알려진 세 모녀 전세사기✿는 1년에 걸친 재판 끝에 1심 법원이 중형이라면서 10년형 내렸거든요. 세 명이 85명을 상대로 183억 원✿✿을 가로챘는데…. 뭐 그럴 수 있다고 쳐요. 판사님은 법 테두리 안에 있는 사람이지 법을 만드는 사람은 아니니까. 그런데 이 나라 법은 대체 맞게 굴러가는 건가요? 돈 없다는 피고가 아주 비싼 로펌 변호사를 고용했던데, 형량이 너무 많다고 항소하더라고요. 이런 상황에 피해자들은 보증금을 얼마나 찾을 수 있을까요? 항소심 판결 땐 어떻게든 시간 내서 가서 지켜볼 거예요.

재판을 경험하면서 참 웃긴다고 생각했어요. 내가 피해자인데, 재판에서 말할 권한이 없다는 것부터.

✿ 서울 강서구·관악구 등 수도권 빌라를 전세를 끼고 딸들 명의로 사들인 뒤 세입자의 보증금을 가로챈 모녀 사기단 사건. 엄마 김 씨는 두 건의 전세사기 사건으로 기소돼 1심에서 각각 징역 10년과 15년을 선고받았다. 그러나 2심에서 각각 5년과 10년으로 감형되면서 합계 징역 15년이 선고됐다. 김 씨에게 명의를 빌려준 두 딸도 1심 때 선고받은 징역 2년이 2심에서 징역 1년 6개월에 집행유예 3년으로 각각 감형됐으며, 가담한 분양대행업체 관계자 4명도 형량이 줄었다. 대법원에서 항소심 선고 형량이 확정됐다.
✿✿ 추가 피해자가 확인되면서 세 모녀 전세사기에게 2017년 4월부터 2020년까지 피해를 본 세입자는 355명, 총 피해액은 795억 원에 달한다.

판사가 특별히 허락 안 하면 피해자는 재판 가봐야 할
수 있는 게 없거든요. 발언할 수 없으니까. 이 와중에
전세사기 피해자들을 주식이나 코인 투자한 사람이랑
똑같은 사기 피해자라고 말하는 정치인들도 있고⋯.
그런 걸 보면 정말 숨이 막혔어요. 그래서 국회 앞으로,
보신각 피해자 추모식으로 나선 것도 있어요. 세상은
저보고 잘못했다고, 네가 선택한 결과라고 해요.
거래도 공인중개사 통해서 했는데. 뉴스 보니까 판사도
변호사도 전세사기를 당했고, 우리나라에서 전세사기는
누구나 다 당할 수 있는 거더라고요? 이 정도면 제도가
잘못된 거잖아요.

 1심 판결 나오고 '죽고 싶다'라는 생각을 정말 많이
했어요. 그 생각으로부터 도망치려고 밖으로 계속
말하러 나갔나 봐요. 부모님 먼저 가신 날도 죽는 게
무서워서 도망친 것처럼. 죽을 용기가 없어서 산다고
하는 건 지금도 마찬가지예요.

 원래 제 꿈은 한 50대 후반에서 60대쯤엔 경기도
쪽에 조그마하게 집 짓고 사는 거였어요. 돈을 악착같이

모은 것도 그래서였고요. 부모님하고 같이 살았던 시절엔 집이라는 게 있었지만 어느 순간부터는 '내 집'이 없었으니까. 그래서 더 꿈꾼 것도 있어요. 이번 집에 들어오면서는… 쫓겨난 집에서 장만한 물건들을 다 챙겨왔어요. 이삿짐센터는 처음 써봤는데 2.5톤 차량이 오고 80만 원이나 들었어요. 이사를 해보니 돈이 엄청나게 드는 게 참 문제더라고요. 처음 전셋집 들어갈 때 갖고 있던 옷 두 개랑 여름 이불 몇 장이 전부였는데…. 제 속 어디 한편엔 그런 게 있나 봐요. 죽지 못해 산다고 해도, 행복했던, 행복하게 살고 싶었던 때로 다시 돌아가고 싶다는 마음이. 그래서 이 짐을 들고 다니는 건가, 말하면서 그런 생각이 드네요. 지금도 꿈은 그대로예요. 좀 작아지긴 했죠. 원래는 행복한 가정도 가지고 싶었거든요. 그런데 행복한 가정은 이제 꿀 수 없는 꿈이 됐어요.

연극으로 다 말할 순 없겠지만

✳

김수정

김수정

1983년 서울에서 태어났다.
세 남매 중 맏딸, 아주 어릴 때 단칸방에서
연탄난로를 사용한 기억이 있다.
자영업자였던 부모님이 서울 끄트머리
땅에 3층짜리 건물을 올리면서 주인집
딸이 됐다. 몇 년 후 가세가 기울어 작은
아파트로 이사했다. 배우로 성공을 꿈꾸며
한국예술종합학교 연기과에 입학했다.
통학 비용을 아끼려 학교 근처 반지하
집에서 독립을 시작했고, 자력으로 두
번의 석사 과정을 마치며 주거 발전도
이뤘다. 반지하, 옥탑을 거쳐 고층
오피스텔 원룸에서 월세 생활을 끝내고
전셋집을 살기 시작했다. 연극인으로
이름을 알리기 시작한 시절에 머물던
성북동 구옥에 대한 기억이 좋게 남았다.
누수 문제로 이사 상황에 놓인 후 신축
빌라를 골랐다. 수리 걱정 없을 줄 알았던
이 집에서 2022년 가을 전세사기 피해를
인지했다. 사건 해결을 위해 분투하는
과정에서 자연스레 파고든 임대차
시스템의 근원적 부조리를 조명하는
연극 작업을 병행했다. 연극 「부동산
오브 슈퍼맨」은 2023년 초연을 하고
다음 해 재연했다. 2024년 백상예술대상
젊은연극상 후보에 올랐다.

잘 사는 집의 딸이 아니었다. 엄마는
딸에게 무례하게 구는 집주인 딸 대신
도리어 자기 딸을 잡도리했다. 어쩌다 하는
가족 외식 때도 '콜라'만은 절대 사주지
않는 선을 한 번도 넘지 않던 부모님은
아득바득, 서울 끝자락 도봉산 앞쪽
땅에 마침내 3층 건물을 올렸다. 그렇게
수정 씨는 주인집 딸이 됐다. 초등학생
무렵이었다.

  한동안 유지되던 자영업자 가구의
경제적 안정은 오래가지 못했다. 지금도
회자하는 '1998년 여름'의 기록적인
홍수가 그 기반에 치명타를 입혔다.
수해로 수도권에서만 140여 명의 사망 및
실종자가 생긴 건 일부 예견된 참사였다.*

비만 오면 쉽게 수위가 오르는 구조로 여러 번 사전 문제 제기가 있었던 중랑천, 그 상류에 있던 수정 씨 아버지 사업체는 주변 공장들과 마찬가지로 물에 잠겼다.** 얼마 지나지 않아 집은 3층 건물이 아닌 "빚더미 자가 아파트"로 바뀌었고, 형편은 더 이상 극적으로 피지 않았다. 세 자녀의 부모는 전보다 더 절약에 예민해졌고, 영특한

---

* IMF 다음 해인 1998년 8월 초에 서울과 의정부에 내린 비는 우리나라 강우 관측 역사상 최대 규모였다. 수해로 인한 사망자와 실종자가 230여 명이었고, 735개 생산 업체가 수해를 입고 가동을 멈췄다.
"水魔(수마)에 휩쓸려간 공장…꿈도 희망도 다 잠겼습니다" 수도권 중소업체 900억원'水沒(수몰)' 735개 기업 피해, 〈경향신문〉 1998.08.11
수도권 대홍수 170명 사망-실종, 〈조선일보〉 1998.08.06

** 김수정 씨 아버지의 공장이 있었다는 의정부는 중랑천 상류 지역으로, 8월 6일 새벽 6시간 동안 340ml의 비가 내렸다. 중랑천은 제방 높이의 문제로 비만 오면 쉽게 수위가 높아지는 문제가 있었다. 주변 도로와 주택가로 범람이 잦아 사전에 여러 번 문제 제기가 있었으나 지역정부는 기상청 호우 예보에도 뚜렷한 대책을 세우지 않아 해마다 홍수 위기가 반복됐다.
중랑천 제방 부실해 해마다 범람위기 반복, 〈MBC〉 1999.08.02

장녀의 성공을 엄마는 꾸준히 바랐다. 그 무거운 압박 속에서 수정 씨는 "집구석 탈출"의 소망을 키웠다.

소망을 이룬 건 대학교 2학년, 배우로 '성공'을 꿈꾸며 연기과에 진학한 그녀는 1년 후 독립했다. 학교 앞엔 싼 집이 많았고, 잦은 밤샘으로 인한 통학 비용은 만만치 않았다. 그때 반지하 월셋집 보증금이 부모님의 마지막 지원이다. 이후로 대학원을 두 개나 졸업하는 내내 '월화수목금금금'으로 이어지는 곡예 같은 자력 생활이 이어졌다. 그 시간을 버티는 데는 성장기 내내 체득한 '악바리 근성'이 큰 지분을 차지했다. 넌더리 나던 부모의 지독한 생활력은 그렇게 수정 씨

삶을 지탱했고, 학부 졸업과 함께 '낭만적' 반지하와 옥탑방도 졸업할 수 있었다.

    그녀가 노동력가치를 본격적으로 올리기 시작한 건 '강남'을 바라보는 '한강뷰' 오피스텔*로 입성하면서부터다. 동 대학원 무용원 석사를 시작하고, 연극원 연출 수업을 청강하며, 야간 노동으로 복수의 안무 활동으로 돈을 벌었다. 서울 끝에서 끝을 오가며 밤낮없이 살다 보니 막연해 보이던 목표는 점점 가까워졌다. 어느새 전세 임차인이 된 수정 씨 통장엔 '커리어 패스'를 향한 해외 박사 유학 자금이 마련돼 있었다. 결국 유학은

---

* 일반적으로 업무시설로 법적 분류되지만, 분양하거나 임대하는 구획 중 일부는 주거용으로 설정돼 있다. 우리나라에서 사실상 주거용으로 많이 사용되고 있어 주택법상 준주택으로 분류한다.

틀어졌지만 성공 의지만은 꺾이지 않았다. 좌절 방지 겸 연출 공부를 위해 또 한 번의 석사 과정을 밟은 건 "그때 최선이었다."

 그 최선이 인생에서 뜻밖에 결정적 방향을 알려줬다. 더 공부할수록, 연출을 하면 할수록 그간 강박처럼 좇은 성공과는 다른 효용에 수정 씨는 매료됐다. 배우와는 다른 방식으로 세상과 연결되는 연출 일 자체에 빠지며 그 길로 진로를 굳혀 직진했다. 쓰러질 듯 쓰러지지 않고 20년째 명맥을 이어가던 혜화동1번지* 동인이 됐고, 극단 '신세계'를 만들었으며, 그 위에서 동료들과 연극 실험을 통해

---

* 연극실험실 혜화동1번지는 1994년부터 시작한 연출 동인제다. 김수정 씨는 신재훈, 백석현, 구자혜, 송경화, 전윤환과 함께 혜화동 1번지의 6기 동인으로 출범했다.

연극인으로 기반을 다졌다. 그리고 점차 세간의 주목을 받았다, 수정 씨도 신세계도. 김수정 씨는 제13회 대한민국 연극대상(2020년)에서 '젊은 연극인상'을 수상했고, 신세계도 제42회 서울연극제(2021년)에서 3관왕(대상, 연출상, 신인연기상)을 차지했다.

  연극인으로 꽃 피우는 시기에 집은 강남이 아닌 강북에 되돌아와 있었다. 낮은 건물이 옹기종기 들어찬 오래된 동네의 2층짜리 구옥. 그 집 창 너머로는 한강 대신 목련 나무가 보였고, 독특하지만 적당한 관심을 주는 집주인이 이웃했다. 다가오는 관계만으로도 인상적인 생활 풍경이 만들어지던 공간에서 수정 씨는 쾌적함은 몰라도 "행복하게 살았다."
그러나 노후 대수선 문제로 이사할 수밖에
없었고, 다음 집으로 신축 빌라를 고른
데 그 영향이 컸다. 세 번째 전셋집엔
전보다 넉넉한 작업실과 널찍한 테라스가
추가됐다. 반지하 월세로 시작해 방 네
개짜리 복층 전세로 변모한 주거 환경은
그녀 경력만큼이나 일정 궤도에 오른
듯했다. 어느덧 마흔을 앞둔 김수정 씨는,
창단 8년 차를 맞은 신세계는, 성장하기
위해 그간 외면해 온 극단 내부 문제를
스스로 발화하는 「김수정입니다」 공연을
마치고 재충전을 위한 공백기를 결정했다.
그 시기에 전세사기를 인지했다.

  차츰 다음 공연을 기획하던 때에

집주인에게 갱신 의사를 전하려던 일이
발단이었다. 집주인 대신 전화를 받은
그 아내는 "남편이 구치소에 들어갔다"
"계약을 종료해도 보증금을 내줄 상황이
안 된다"라는 말을 정신없이 늘어놓았다.
혼란스러운 상황에 법률 상담을 받았지만,
임대인이 돌려줄 돈을 돌려주지 않는다고
당장 임차인이 쓸 방법이 뚜렷하지 않았다.
계약 종료 대신 계약서라도 일부러 다시
썼건만, 그 서명도 마르기 전에 일이
터지기 시작했다. 갱신 직전까지도
없던 소유권 등기들이 선순위였던 수정
씨 이름 위로 "치고 들어온" 것이다.
전세사기가 전국에 암처럼 터지던 시기,
상황을 헤쳐나가려 동분서주할수록 더

절망적 상황만 그녀를 기다리고 있었다. 미처 몰랐던 전세제도의 근본적 문제, 비정상적으로 취약한 임차인 위치를 파악하는 상황으로 복귀작을 준비하는 시간은 채워졌다. 극 작업은 '전세사기 이야기'로 정해질 수밖에 없었다.

신세계는 2023년 10월 연극 「부동산 오브 슈퍼맨」을 초연했다. 초능력 사용이 환영받지 못하는 현대사회, 배트맨과 달리 물려받은 집도 재산도 없는 슈퍼맨이 영웅직 은퇴 후 '피땀눈물'로 일군 자산을 전세사기 당하는 허구의 이야기를 다큐멘터리 형식으로 구성해 현실성을 살렸다. 온갖 노동과 별별 인간관계를 겪으며 마침내 '평범한 인간미'를 알아가던

슈퍼맨도 피하지 못한 전세사기의 맥락을
파헤치다 보면 한국사회 전세사기 사태가
눈에 들어온다. 이 연극을 위해 신세계
제작·출연진 모두가 부동산과 전세대출
관련 지식을 쌓고, 각종 전세사기 수법
등을 샅샅이 조사했다. 팀을 이뤄 수십
군데 부동산 중개소를 취재하고, 지역
'대장 아파트' 임장 실습을 나가고,
지역분석 자료를 만들어 극에 쏟아부었다.
연극 한 편 관람으로 제도의 구멍이
읽히는 건 그 때문이다. "관객들만이라도
전세사기를 피할 수 있게 제대로 된
정보를 전달하고 싶다"라고 했던 수정
씨는 전세사기 트라우마를 삶의 중심으로
끌어와 동료들과 함께 돌파했다. 그렇게

무대에 오른 「부동산 오브 슈퍼맨」은
2024년 제45회 서울연극제 공식 선정작이
되며 두 번째 공연도 성황리에 마쳤다.

자영업자의 '성공'을 무너뜨린 '1998년의 수해'

집주인이라는 개념이 명확히 기억에 있어요. 어릴 때 주로 전셋집 살았거든요. 꼬맹이 땐 단칸방에서 산 적도 있고요. 연탄도 써 봤고, 엄마 아빠랑 여동생 남동생이 한방에서 다 같이 지내기도 하고, 한번은 집주인 딸이 저랑 이름이 비슷했던 적이 있어요. 같이 놀다가도 "여기 우리 집이니까 나가"라는 말을 자주 하는 애였고요. 저를 너무 괴롭히던 애였는데도 엄마가 그 애한테 잘하라고 했던 기억이 있네요. 집 앞이 오랫동안 공사 중이었던 상황도 인상 깊게 남았어요. 꽤 긴 시간이었거든요. 유치원 때부터 국민학교* 때까지였나? 터널 공사였던 거 같은데 근처에서 애들끼리 잡기 놀이를 했고, 돌이켜보니 참 위험했네요.

* 초등학교의 이전 명칭

어머니는 지금은 잘나가는 댄스 스포츠 강사지만 당시엔 아버지 일을 도왔어요. 아버지가 나전칠기 사업을 하셨거든요. 자영업자셨죠. 부모님은 정말 10원도 허투루 쓰지 않고 모으기만 하는 분들이었어요. 이런 경험이 공감될지 모르겠는데요. 오죽하면 제 소원이 식당에서 콜라 주문하는 거였어요. 그게 얼마라고, 가족 외식 같은 걸 해도 한 번을 안 사주셨거든요. 그만큼 악바리처럼 사신 거죠. 저 국민학생 때 처음 집주인이 되셨고요. 상계동에 살다가 도봉산 앞쪽 땅을 사서 3층짜리 건물을 지으셨거든요. 3층에 우리가 살고 그 밑에 세입자들도 들이고요. 그때 엄청나게 기뻐하신 기억이 생생해요. 고생고생하셔서 잘사는 집이 됐잖아요.

중학생 때 안 좋은 일들이 생겼어요. 의정부에 있는 아버지 공장이 수해를 되게 크게 맞았거든요. 비가 어마어마하게 와서 공장이 쓸려 내려갈 정도로 심각했고요. 정확한 액수는 기억 못하지만 지금 생각해보면 피해액이 억대였을 거예요. 나라에서 나온

보상금은 몇십만 원이었나? 아버지 공장이 축사 건물을
개조해서 사용했나 그랬거든요. 그 시절 자영업자가
무슨 개인 보험 같은 걸 들었겠어요. 먹고살기도
바빠 죽겠는데. 자력으로 어떻게 꾸역꾸역 한 번은
복구하셨는데, 얼마 안 있다 화재 사고가 났어요.
피해 공장이 제 기억에만 일곱 개 정도였던 거 같아요,
보상해 줘야 하는. 집이 너무 힘들어지니까 제가 김대중
대통령한테 편지도 썼어요 그때, 도와달라고. 답장으로
좋은 말은 받았는데 못 도와준다는 이야기였겠죠.
청와대는 그런 편지를 많이 받았을 거예요. 결국
집이었던 3층 건물을 팔고 도봉동에 있는 작은 아파트로
이사했어요. 은행 대출을 엄청 낀 빚덩이 자가니까
사실상 은행 거나 다름없었죠. 그 집에서 쭉 컸어요.

 집을 벗어나야겠다는 생각이 강했어요. 엄마 아빠가
늘 돈, 돈 하는 게 너무 스트레스였거든요. 그래서 빨리
성공하겠다는 욕망도 컸고요. 엄마한테 어릴 때부터
성공해라 성공해라, 그 말을 너무 많이 들어서. 아무튼
그렇게 살면서 연극이라는 걸 고등학교 동아리 때

처음 봤는데 완전히 빠져버렸어요. 너무 재밌어서요. 그래서 진로로 생각한 거예요. 배우가 가장 먼저 눈에 들어왔고요. 어릴 때부터 춤추는 것도 워낙 좋아했는데, 원래 그쪽이었나 봐요. 어떻게 직업으로 할 수 있는지 알아보다가 방학 때 한예종에서 고등학생을 대상으로 운영하는 연극원 프로그램을 수강하면서 학교를 알게 됐어요. 연기과로 입학하게 됐고요. 일찍 성공하고 싶었다고 했잖아요? 공부도 웬만큼 하는 편이었지만, 그때 입시 준비를 정말 독하게 했어요. 대학을 갔더니 대학 공부가 정말 재밌었고요. 좋은 선생님들을 만난 게 크죠. 덕분에 사회에 눈도 뜨고, 점점 제대로 연극을 배우면서 더 깊이 빠지고, 어쩌다 보니 지금도 계속하고 있네요.

독립했고, '코카콜라'를 시켰다

부모님이 보증금 500을 내주시면서 '이걸로 끝'이라고

하셨어요. 대학교 2학년 때 결국 학교 앞에서 자취 시작했거든요. 실기 연습으로 밤새우는 게 일상인데 맨날 택시를 탈 순 없으니까. 무조건 싼 집만 찾다가 반지하로 시작한 거예요. 반지하나 옥탑방이 일종의 로망인 것도 있었고요. 드라마나 영화에서 꽤 낭만적으로도 그려졌거든요. 독립해서 반지하나 옥탑방 사는 대학생 언니들이 자유로워 보였죠.

 첫 집에서 꽤 오래 살았어요. 가격 대비 잘 구한 집이었거든요. 그 집이 월세 20이었나…? 그것도 친구랑 나눠 냈고요. 방 두 개에 조그만 거실이랑 화장실도 있고, 반지하여도 약간 1층 같은 구조였거든요. 그냥 학교 앞에서 눈에 보이는 부동산 들어가서 본 건데 잘 구해졌죠. 왜 이사했는지는 기억이 잘 안 나네요. 그다음에 옥탑방으로 가면서 월세가 10만 원 정도 올랐어요. 옥탑방이 원래 반지하보다 비싸거든요. 하늘 가까이 사니까 또 좋더라고요. 그땐 어디든 그냥 좋았던 거 같아요. 부모님한테서 해방됐으니까.

내 돈으로 삼겹살이라는 걸 사 먹는 날에 처음으로 콜라를 시켰어요. 그다음부터 20대 내내 식당에서는 무조건 콜라를 시켰는데, 나름의 해방 의식이었던 거 같아요. 내가 벌어서 내가 알아서 쓰고, '내 공간'이 있고. 집이 불편하고 후지다고 해도 어차피 바빠서 거의 있을 시간도 없었고요.

자라는 동안 엄마 때문에 돈 아끼는 게 너무너무 싫었거든요? 그런데 막상 저도 돈을 못 쓰는 사람이더라고요. 열심히 모으기나 하지. 부모님이 너무 열심히 사시는 게 답답하고 싫었는데 배워 살았나 봐요. 그래야 생활이 됐거든요. 평일엔 학교에 충실해야 해서 주말 아르바이트만 할 수밖에 없었어요. 그걸로 생활비에 학비까지 모으느라 시간 대비 고수익 알바를 뛰었지만 그래도 돈을 아끼고 아낄 수밖에 없었고요. 혹시 아세요? 나레이터 모델,* 이 업계도 각종 분야가

---

* 알바몬이 아르바이트 직종 급여 순위를 발표한 이래 나레이터 모델은 꾸준히 최고 수준의 시급을 받는 아르바이트로 조사됐다. 그 외에도 피팅 모델, 바텐더, 개인지도 및 과외 등이 이름을 올렸다.

있는데요. 저는 새로 오픈한 가게 앞에서 행사복 입고
춤추는 일을 뛰었어요. 하루 기본 두 탕 이상, 주말
내내. 흔치 않게 시급이 높은 일이라 4주 꽉 채우면 돈이
꽤 벌렸어요. 대신 집에 궁둥이 붙이고 있을 여유가
없었고요.

한강뷰, 오피스텔, 성공적

무용원으로 석사 과정을 가면서 전체적으로
업그레이드됐어요. 성수동 오피스텔을 구했거든요.
무용원은 서초동에 있는데 제가 욕심이 많아서 석관동
연극원 수업까지 청강했어요. 석관동과 서초동의
정확히 중간이 성수동이었고요. 그때는 어떻게 그렇게
당돌하게 정했는지 모르겠네요. 아무튼 집이 갑자기
확 좋아지면서 비용도 올랐죠. 보증금 천에 월세는 70
정도였을 거예요.

 곧 안무 활동이 주 수입이 됐거든요. 점점 본업으로

돈을 벌 수 있게 된 거죠. 더 독하게 일했어요. 안무 스태프를 하면 동시에 여러 작업을 뛸 수 있거든요. 연출이나 배우보다는 동시 작업이 수월하니까. 다른 일을 병행하지 않아도 부족하지 않을 정도로 벌었어요. 계속 모을 수도 있었고요. 한 학기 돈 벌고 한 학기는 학교 다니느라 '스트레이트 졸업'은 못했지만요. 석사 2년 과정을 4년에 걸쳐 마친 거죠. 사실 석사 장학금도 받고, 강의 조교 장학생도 해서 학비가 모자란 건 아닌데, 다른 목표 때문에 미친 듯이 번 거예요. 유학 계획했었거든요. 모은 돈이 1억 정도 됐죠.

  살인적인 스케줄이긴 해도, 그때는 집에서 안정감이라는 게 있었던 거 같아요. 오피스텔에서 중간에 전셋집으로 전환했거든요. 월세를 매달 안 내니까 마음이 정말 편했어요. 게다가 공간도 TV에서나 보던 그런 깔끔한 데니까. 9층에서 7층으로 옮기긴 했지만 통창문이 있고, 멀리 한강이 보였어요. 엘리베이터에 주차장까지 있는 집. 그 자체로 만족감이 있던 거 같아요. 강남이 코앞이니까, 피해의식 같은 것도 좀 해소했고요.

  중고등학교 다니는 내내 강남을 동경하는 문화에서 자랐거든요. 한때 중계동 '은행사거리' 학원가 중심으로 부동산 재개발 투자 붐이 일던 시기엔 동네가 온통 강남을 꿈꾸는 기대감 속에 있던 적도 있어요. 어머니도 그 투자에 관심을 두셨는데 결국 형편 때문에 좌절하셨고…. 그래서 여태 그 분위기를 기억해요. 강북과 강남, 이렇게 이분법으로 선 가르는 분위기를 성장하는 내내 느꼈거든요. 그 속에서 자라난 피해의식과 열등감이 제 인생의 원동력이 된 것도 있고요. 노력에 노력을 거듭해서 마침내 강남 가까운 한강뷰, 오피스텔에 진입하고, 그다음 목표가 '강남'이었거든요. 그런 걸 다 이루려고 유학까지 계획했다가 눈앞에서 좌절됐지만 여전히 그 문화적 동력이 스스로를 더 채찍질해서 석사 학위라도 하나 더 추가하도록 추진했던 거예요. 강남이 상징하는 한국 사회의 성공, 그런 문화는 지금도 계속된다고 생각해요.

  유학은 돈 때문에 접게 됐어요. 꽤 거금이 집안 사정에

갑작스럽게 들어갔거든요. 못나게 가족 탓이나 하다 혹시 주저앉게 될까 봐 무서웠어요. 국내 박사라도 하자니 학비가 너무 비쌌고, 한예종은 박사 과정이 없고. 그래서 석사만 두 번 한 거예요. 그 길로 목표하던 성공에서 멀어진 건 아이러니죠. 연출을 공부할수록 '그런 성공'에서 제 마음이 떠났거든요.

목련나무가 보이던 구옥에서 '연출자'로 서고

연출을 공부하면서 연극이라는 '장르'를 보는 눈이 새로 열린 거 같아요. 그전까지 계속 성공, 성공, 했잖아요. 배우로 성공하겠다, 돈을 많이 벌겠다, 그런 생각이 강할 때 내가 속한 사회고 뭐고 혼자 박수받고 잘나가고 이런 주제에만 골몰했어요. 근데 선생님들이랑 선배님들한테 연출이라는 표현을 배우는 과정에서 본질적으로는 연극이 사람들이 어떻게 살아가는지를 반영하는 시대의 요소라는 점이 다가왔거든요. '내가 중심'이 아니라 우리가 사는 '세상을 중심에 놓고' 생각하게 됐어요. 눈이 바뀌니까 연극 연출로 제가 겪은 부조리도, 저랑 시대를 공유하며 같은 부조리 속에 있는 사람들의 이야기도 누군가에게 잘 들려주고 싶다는 생각이 점점 커지더라고요. 제가 쓰고 만드는 이야기들이 줄곧 사회적 이야기라고들 말해지곤 하는데요, 말이 거창한 거예요. 저는 지금 제가 경험하는, 혹은 알고 보면 제 경험과 연결된 이야기만 하는 거거든요. 아무튼, 연출을 배우면서 이전까지 당연히 추구하던 '그런 성공'에서는 확실히 멀어졌어요. 여러모로 전환기였던 그 시간에 살았던 집도 학업상 강남과 역방향으로, 강북으로 되돌아오기도 했고요.

집은 창 너머로 굉장히 큰 목련나무가 보이는 구옥이었어요. 대학로 활동이 많으니까 한성대입구역 근처 성북동 집을 구했거든요. 거기가 오래된 동네잖아요. 높은 건물도 별로 없고요. 100평짜리 대지에 지어진 2층짜리 건물 2층에서 보증금 1억 5천인가 2억인가를 내고 살았어요. 2층에 저랑 집주인이 살고, 1층엔 집주인 부인과 아들이 살고, 지하에 세입자가 한둘 있었고요. 넓은 욕실이 특징이고, 방 두 개에 거실이랑 베란다도 있었어요. 괜찮은 집인데 강남이 눈앞이고 오피스텔 살던 때와 비교해서는 확 '내려간' 거죠. 그런데 이 집에서 여러모로 행복하게 오래 살았어요.

  집주인이 좀 특별한 분이었거든요. 조건이 꽤 좋은 전세 매물인데도 세입자가 그동안 잘 안 들어온 이유기도 했고요. 수염이 엄청 긴 70대 할아버지 집주인이 완전히 근육질인데 겨울에도 러닝셔츠를 입고 태극기를 매고 운동하러 다니시고… 어떤 캐릭터인지 대충 감이 오죠?(웃음) 마주치는 동네 사람마다 다 인사하시는 분인데 동네 유명 인사라 방송 출연도 하셨대요. 누군가는 무섭게 느꼈겠다 싶은데, 따뜻하고 재밌는 이웃이었어요. 저한테는 가까이에서 자극도 많이 주셨고요. 할아버지가 매일 이른 아침에 너무 큰 소리로 영어 회화를 계속 연습하셨거든요. 집 사이 벽이 별로 두껍지 않아서인지 소리가 새어

들어오는데, 처음엔 저도 오해했어요. '좀 아프신가?' 그게 아니고 단지 저보다 훨씬 부지런하시고, 하고 싶은 일만 하면서 인생을 사는 분이었고요. 운동도 꾸준히 하시고 애국가도 꾸준히 부르시고. 어느 날은 신문에서 제 기사를 읽으셨는지 알은체도 해주시더라고요. "우리 집에 대 예술가가 산다"라면서 좋아하셨어요. "여기서 꼭 성공하세요"라고 격려도 해주시고. 기사 날 때마다 꼭 이야기 해주시는 게 고마웠죠. 가족분들과도 사이좋게 지냈어요.

  이 집에 살 때 연출로 확실히 마음 굳힌 거예요. 석사과정 마치고 '혜화동 1번지' 6기 동인이 된 게 컸거든요. 꽤 전통 있는 극장이에요. 극단 신세계를 만들고 이제는 오롯이 연극만 했어요. 거의 기계처럼 연극을 올렸다고 보면 돼요. 1년에 연출을 9개까지 맡을 때도 있었거든요. 성과도 났고,* 시간강사 외에 다른 생계도

---

* 극단 신세계는 2014년부터 2024년까지 거의 매년 수상했다. 2021년에는 제42회 서울연극제에서 발달장애인 학교 설립 문제를 다룬 작품 「생활풍경」(작 김수정 원아영, 연출 김수정)으로 대상, 연출상, 신인연기상으로 3관왕을 차지했고, 제8회 이데일리문화대상에서 연극 부문 최우수상까지 수상했다.

하지 않게 됐죠. 그렇게 제 인생을 잘 살고 있는데
어느 날부터 집에 물이 샜어요. 집주인이 바로 수리도
해주셨는데 부분 수리로는 해결이 안 됐고요, 1~2년은
버텼는데 점점 심해져서 비만 오면 아예 통을 놓고 물을
받을 정도가 됐어요. 결국 그 집을 떠나게 됐죠. 한
6년은 살았을 거예요.

행운부동산, 기획부동산

수선 때문에 집을 옮기는 거라 이왕이면 그럴 문제가
없을 집을 원했어요. 오랜만의 이사기도 하고, 대출
없이 확보한 보증금도 꽤 됐거든요. 극단 일 때문에
성북동부터 거의 같이 살다시피 하던 동료랑 집을
합치기로 해서 2억 5천을 만든 거예요. 그 정도면 꽤
큰돈인데 그 돈으로도 들어갈 데가 별로 없더라고요,
그때. 살던 동네엔 매물이 아예 없었고, 정릉으로
넘어가서 지금 집을 만난 거예요. 전세사기 당한, 그

이야기를 이제 해야겠네요.

  온라인으로 샅샅이 알아보고 실물을 봤어요. 시세랑 안 맞는 예산으로 집을 구하는데도 부동산에서 나온 분이 정말 친절하시더라고요. 방도 몇 개 이상이어야 하고, 시설도 좋아야 하고, 테라스도 있으면 좋겠고, 경치도 좋아야 하고. 원하는 조건이 그렇게 많은데도 맞춰서 꽤 여러 집을 보여주셨어요. 예산 안에 있는 집은 막상 없었는데, 친절함에 제가 마음이 꽂혔던 거 같아요. '이런 뷰라면 그 정도 금액은 되겠지' 생각이 절로 드는 집을 마지막으로 봤어요. 복층 테라스에서 정릉 전체가 막힘없이 시원하게 보였거든요. 가는 길은 꽤 가팔랐지만 동네 조용하고 맑고, 지은 지 2년 됐으니까 당연히 시설도 문제없을 거 같았고요. 층별로 두 개씩 방이 네 개였어요. 집에서 도보 3분 거리에 버스 정류장도 있었어요. 맘에 쏙 들어서 다른 집을 더 볼 필요가 없더라고요. 문제는 값인데, 팔린 적이 없어서 부르는 게 값이었거든요. 매매가 4억 7천에 전세가 3억 5천이라고. 신축 빌라 적정가격이라는 걸 이제는 알아볼 수 있지만 그때는… 그런데 그때 알았어도 소용 있었을지는 모르겠어요. 시세라는 게 있잖아요. 이미 보고 온 집들과도 그렇게 큰 가격 차이는 없었어요.

행운부동산, 이름도 기억해요. 계약 날 부동산 사무실에 양복 입은 사람이 이삼십 명은 됐어요. 그렇게들 잘 갖춰 입고 일하는 모습이 전문적으로 보이더라고요. 중개사는 딱 한 명인 게 좀 희한했지만, 그 중개사 통해서 계약했어요. 일 터지고 연락했을 땐 아예 부동산 자체가 폐업 상태였고요. 정확하게 기획부동산이었던 거죠.

이 집 들어올 때 난생처음 제 명의로 대출했어요. 한 10년을 그렇게 꽉 채워서 일했어도 은행에서는 거의 무직 취급이라 대출이 안 나왔었거든요. 시간강사 되니까 비로소 1억 가까이 나오더라고요. 근데 혹시 그거 아세요? 전세 보증금 대출 상담하는 사람들한테 은행 직원이 되게 딱딱한 거. 꽤 여러 은행을 돌면서 대출 상담했는데, 되게 불쾌한 경험이었어요. 비싼 상품을 구매하는 소비자인데 '지나치게 사무적'으로만

대한다고 해야 하나, 뭐랄까, 모르는 걸 다 물어보기가
쉽지 않았어요. '내가 큰 고객이 아니어서 그런가' 하는
생각이 괜히 들고요. 그러다 전화로 대출 상담하는
창구를 알게 돼서 여러 곳에서 다시 상담했는데,
소비자 집으로 찾아오는 경우도 있더라고요. 궁금한 건
차근차근 설명해주시고 은행 창구보다 훨씬 친절하게
대해주셔서 편하게 대출받았어요. 전세보증보험*을
못 드는 조건부 상품이 좋다고 소개해주면서
그러시더라고요. 전세사기 그거 다 옛말이라고, 금리
낮추는 게 중요하다고. 대출 때는 이자가 2%대로 많이
싼 상품이었거든요. 지금은 거의 6%로 올랐지만⋯.
의심할 생각은 못 했어요. 그런 상담사분들이 은행
하청업체 직원인 건 나중에 알았거든요. 다 같은 은행
직원인 줄 알고 신뢰한 것도 있지만, 그동안 전셋집

* 전세보증금반환보증보험. 전세 계약이 끝났는데도 집주인이 보증금을
돌려주지 않는 경우를 대비할 수 있다. 주택도시보증공사(HUG),
한국주택금융공사(HF), 서울보증보험(SGI)에서 취급하며, 가장 널리 알려진
상품은 HUG 상품이다. 가입 요건이 상대적으로 엄격하며, 전세사기 사태 이후 그
요건이 더 까다로워졌다.

살면서 문제 일으키는 집주인을 만난 적이 없으니
위험에 대한 생각은 못 했던 거 같아요.

'계약은 지켜지지… 않는다'

처음엔 다 좋았어요. 새집이라 기분 좋고, 옆집 이웃이
곧 생겨서 멜론도 나누고 잘 지냈거든요. 그런데
계약 갱신 기간이 올 때쯤 건물 하자로 누수 문제가
또 생겼어요. 잊고 있던 사건인데 오늘 인터뷰한다고
계약서를 다시 보다가 생각났네요. 처음엔 아랫집에서
물이 새는 문제로 시작됐거든요. 그래서 우리 집 베란다
공사를 했는데, 날림으로 잘못했는지 갑자기 우리
집 주방 하수구 쪽에서 물이 역류하기 시작했어요.
그러다 안방 천장에서도 갑자기 물이 샜고요. 물 새는
문제 피해서 대출까지 받고 들어온 집에서 또 물 새는
사건을 당한 거죠. 이 일로 집주인이랑 2~3개월 정도를
씨름했어요. 너무 연락이 안 돼서 수리공도 제가 찾고,

견적 받아서 집주인 확인받고, 이 귀찮은 과정을 다 제가 진행하면서 수리를 끝냈거든요. 그런데 비용 정산 시점에 집주인이 잠적해버린 거예요. 겨우 연락이 닿은 집주인 부인한테 수리비를 받고, 집주인은 구속됐단 이야기를 들었고요.

  보증금 돌려줄 돈이 없다고 하더라고요. 계약을 종료해도 돌려줄 돈이 없으니 저보고 집을 사는 게 어떻겠냐고…. 어떤 선택을 해야 할지 혼란스러워서 법무사, 변호사 상담을 몇 군데를 돌았는데 갱신해도 별문제 될 건 없다고, 해도 괜찮다고들 했어요. 등기부상엔 우리 계약 이후 설정된 근저당권 5천 정도 말고는 없었거든요. 집주인 쪽에서 당장 돌려줄 돈이 없다고 하고. 그래서 갱신하면서 계약서에 특약을 걸었어요. 추가 근저당은 잡지 않되, 재계약 이후 약속을 어기거나 임대인 문제로 세입자가 이사 나갈 일이 생기면 이사비까지 임대인이 지급하는 걸로요. 또 하자가 생기면 집주인이 2개월 안에 오롯이 해결하기로도 했고요. 갱신 때는 보통 계약서를 별도로 쓰진 않는데, 나름 장치를 둔 거예요. 계약이라는 건 지켜지는 거라고 당연히 생각했거든요.

　근데 바로 문제가 터졌어요. 재판 중이라는 집주인한테 들어온 추징보전액 가압류는 물론이고 세금 체납 건들에 대한 압류들, 금융 채무 가압류까지 쭉쭉 등기부에서 제 위로 막 치고 들어왔어요. 집주인이 대체 얼마나 세금을 밀렸는지 우리는 알 수도 없는데 권리 순위는 순식간에 16번까지 밀리고, 미치죠 임차인은. 그대로 당하고만 있을 수가 없어서 일찍 변호사를 선임했어요. 변호사가 알려주는 내용은 집주인이 무슨 사기꾼이다, 우리 말고 다른 사기 피해자도 몇십 명이다, 겨우 이런 거. 그런데 돈은 얼마나 깨졌는지…. 소송하고, 경매 넘기고, 그 과정에서 일도 못 하고 사람도 못 만나니까 일상을 사는 게 거의 불가능이었어요. 단계별로 돈은 계속 들어가고, 계속 이 일을 생각하고 걱정하느라 먹지도 자지도 못했거든요. 그나마 믿고 있던 대항력*까지 완전히 날아갈 뻔했을 땐 말 그대로 '멘붕' 그 자체였죠.

옆집이랑 호수 등록이 뒤바뀐 채로 건축물 현황도에 등록됐더라고요. 임차인은 원래 알 수 없는 정보인데 먼저 경매 넘어간 옆집 통해서 안 거예요. 집이 경매로 넘어가면 건축물 현황도로 도면과 실제 건물이 일치하는지 실사를 나오거든요. 그 담당자가 호수가 틀렸다고 지적했어요. 그러면 임차인은 어떤 문제가 생기느냐면요. 전세계약 직후 받은 확정일자**, 전입신고 행위가 모두 무효가 돼요. 대항력도 우선변제권도 사라지는 거죠. 그런데 변호사가 그러더라고요. 구청 직원이 건축물대장상 호수 수정 안 해주면 방법이 그냥 없는 거라고. 그래서 사기당한 와중에 집주인 부인 쪼아서 같이 구청 직원 찾아가고,

---

* 민법에서 이미 유효하게 이루어진 권리관계에 대하여 제3자의 다툼이 있을 경우, 제3자에게 대항할 수 있는 능력을 의미한다. 임차인이 주택을 인도받고 주민등록(전입신고)을 하면 다음 날부터 대항력이 발생한다.
** 법원이나 동주민센터 등에서 임대차계약서가 특정 날짜에 존재한 사실을 공적으로 증명하는 날짜다. 나중에 변경하는 것이 불가능하다. 임대차계약에서 확정일자는 임차인이 보증금을 우선적으로 변제받을 수 있는 권리인 우선변제권을 확보하기 위한 요소로, 주택이 경매 또는 공매될 경우, 확정일자를 받은 임차인은 다른 채권자보다 먼저 보증금을 돌려받을 수 있다. 우선변제권 효력은 전입신고와 주택 점유라는 대항력 요건을 갖춘 상태에서 발생한다.

구청 직원한테 통사정하고, 난리도 아니었죠. 지금은 집을 경매 접수까지 한 상태인데, 직접 낙찰받고 어떻게든 파는 거 말고는 아직 방법이 없네요.* 여기까지 오는 과정에서 참 많은 생각이 들었죠. 특히 법이라는 거에 대해서. '늘 만들고 집행하는 사람 기준이구나' 하는 생각. 임대차법**도 전세사기 특별법도 전세 같은 건 한 번도 안 살아본 사람들이 만들었나 봐요. 전세사기가 그래서 심각한 사회적 재난으로 발전한 거 아닐까요? 몇십 년을 거쳐도 정책 실패가 계속되는 거고요.

다음 폭탄은 누가 떠안게 될까요?

원래는 휴식 시간이었어요. 2021년 공연을 끝으로

---

* 김수정 씨는 강제경매를 진행했다. 임차인이 담보물권인 전세권을 설정하지 않은 경우, 기일 내에 전세금을 반환받지 못했다면 보증금반환청구소송의 확정판결이나 그에 이에 준하는 다른 집행권원을 얻어 강제경매를 신청할 수 있다. 임의경매를 진행하는 것에 비해 기간이 더 걸린다.
** 주택임대차보호법

충전할 필요가 있었거든요. 만나지 못했던 사람들 만나서 이야기 나누고, 공부도 하고. 그동안 연극만 한다고 여유 없이 달리기만 하느라 못 한 것들을 하려고 했는데, 전세사기로 그 시간도 돈도 다 쓰게 됐어요. 상담료랑 학원비로 들어간 돈만 몇백이거든요. 변호사마다 말이 다 다르니까 상담도 한두 곳만 할 수 없었고, 거기에 투자 강의만 네다섯 개 들었고요. 전세사기니, 경매니, 알려면 온통 투자 공부하는 방법밖에 없더라고요. "이런 식으로 거래하면 전세사기 당한다." 강사마다 꼭 그렇게 말하는데, 당사자는 속이 터지잖아요. 그걸 꾹 참고 관련 지식을 다 모은 거예요. 상담도 기록으로 다 남겼고요.

 그래서 「부동산 오브 슈퍼맨」이 공백 2년 만의 복귀작이 됐어요. 그때 내놓을 수 있는 이야기가 전세사기 말고 없었거든요. 상담받고 강의들은 내용을 기반으로 대사를 많이 썼고, 감수도 받고요. 공연 준비는 뭐랄까… 과정 내내 고통이었어요. 사건 당시라 트라우마가 너무 심했거든요. 연습 때마다 울고, 동료들도 같이 울고. 그래도 그렇게 처절하게 극을 만들면서 수없이 자책하던 감옥에서 벗어난 것도 있어요. 일을 위해서 거의 모든 피해자 인터뷰를 다 읽었거든요. 그것만으로도 왠지 연대감을 느꼈어요. 그분들이 모두 극을 만드는 데도 도움을 주신 거예요.

사기당한 게 처음엔 제 잘못인 줄 알았거든요. 완전히 틀린 생각이고, 임대인과 임차인의 정보 비대칭이 구조적으로 너무 큰 게 진짜 잘못이에요. 대체로 등기부등본 확인하고 확정일자랑 전입신고 절차만 제대로 거치면 안전하다고들 많이들 생각하지만, 잘못된 통념이에요. 우리 집 등기부등본도 계약 시점엔 깨끗했어요. 심지어 신탁등기도 제 요청으로 없애고 계약했거든요. 그런데도 속수무책으로 당했고요. 국가가 임차인을 제대로 보호하지 않으니까요. 그래서 '관객들만이라도 전세사기를 피할 수 있으면 좋겠다'라는 생각으로 「부동산 오브 슈퍼맨」을 만든 거예요.

보증금이라는 돈은 저한텐 인생이었거든요. 그 돈은

연극을 하겠다는 일념으로 여태껏 버티고 견뎠던 제 인내의 합이니까요. 그 인생이 전세사기로 무너지는 것 같아서 너무 고통스러웠어요. 다른 피해자분도 아마 비슷한 마음이었을 거예요. 이번 사태 후에도 전세사기가 방지되지 않는다면, 그만큼 커지는 빚을 다음엔 누가 또 감당하게 될까요?

탈당 신고서

✿

정태운

정태운

1992년 김해에서 태어났다. 부모님
이혼 후 아버지 집에서 살다가 아버지의
폭력을 피해 6학년 때 독립했다. 그때
반지하방 사글세를 벌기 위해 일을
시작했다. 친한 친구의 부모님 보살핌
아래 있었다. 중학생 때 엄마가 있는
경주로 이주한 후에도 손에서 일을 놓지
않았다. 군대 제대 후 완전히 홀로서기를
했다. 구미에서 원룸 월세를 얻었고,
아웃소싱 업계로 들어섰다. 공장 이전이
대규모로 이루어지면서 하던 일을
접고 다시 경주로 돌아갔다. 이후 대구
경북 지역을 넘나들며 일하며 살았다.
대구에서 점차 자리를 잡았다. 아파트
청약에 당첨되고, 입주 전까지 머물 임시
집을 전세로 구했다. 그 집에서 신탁 전세
사기를 당했다.

"제 이야기 들으면 좀 재밌을 건데." 태운 씨가 말했다. 타고난 듯한 그 유머러스함에 긴장이 좀 풀렸다. 환자복 위에 허리 보호대까지 착용한 상태에도 웃음을 띠고 있었다. 살고 있는 빌라의 집단 전세사기 피해가 〈대구MBC〉를 통해 보도되고, 직장에서 계약 종료를 맞고, 피해자대책위 활동과 생업을 병행하려 당분간 다시 배달 일을 하다가 불법 유턴을 하던 차에 교통사고를 당한 상황이었다. 흉추 골절 등으로 전치 12주 부상을 입었고, 입원 중이란 이유로 긴급생계비❋ 지원이 끊겼다.

❋ 긴급생계비는 전세사기 피해자 중 1인 가구 기준 월 155만 8419원 이하 소득자에게 해당하는 지원이다. 식료품비, 의복비 등 생계유지에 필요한 비용에 한정한다는 이유로 14일 이상 병원 입원자는 지급 대상에서 제외된다.

배달은 태운 씨에게 일의 시작점이자 가장 오래된 경력이다. 초등학교 6학년 때 우유 배달로 생계를 시작하며 누구보다 빨리 오토바이를 몰고 만진 사람. 알코올중독인 아버지 때문에 남들보다 일찍 집을 나갔기 때문에 그만큼 일찍 일도 시작했다. 그때 살았던 3개월에 15만 원짜리 사글세 반지하방이 태운 씨의 첫 집이다. 다른 선택지가 없었다. 바퀴벌레랑 쥐와 같이 살아도 그편이 나았던 건 좋은 어른과 친구 덕분이다. 친한 친구가 같이 살다시피 했고, 그 부모님이 좋은 어른이 되어주셨다.

엄마를 만난 건 중학교 3학년 때. 필연적으로 연락이 닿은 엄마가 있는 경주로 옮겼다. 혼자 사는 법을 어느 정도 익힌 태운 씨 선택으로 엄마 집 근처 7만 원짜리 월셋집을 구했다. 이번엔 벌레보다 추위가 매서운 집이었지만 엄마 밥만은 따뜻했던 날들이었다. 이미 배달 경력 3년 차인 그에게 동네 가게 사장님은 일을 줬고, 그 가게를 넘겨받아 직접 운영도 해 봤다.

미성년 때부터 해온 다양한 일로 태운 씨는 성취와 실패의 경험을 촘촘히 쌓았다. 배달과 나이트클럽 아르바이트는 물론, 아웃소싱 전문업체와 공장, 외식업까지. 10대 때부터 꾸준히 업을 다져 스스로를 키우며 경제 개념을 체득했다. '불법'으로 규정되는 상황에서도 주변 어른들은 대체로 태운 씨의 노력을 알아봐주고, 그 노력은 빛을 발했다. 친구의 부모님, 가게 사장님, 학교 선생님, 나이트클럽 손님들, 회사 동료, 공장 노동자들까지. 그 기간 경북의 도시들을 넘나들었다. 김해→경주→구미→경주→대구→포항→대구. 드디어 대구에서 정착할 환경을 마련했는데, 신탁 전세사기로 모든 계획이 수포로 돌아갔다. 청약 당첨된 아파트 분양권은 처치 곤란이 됐고, 제조공장에서는 입사 초기에 잘렸다.

태운 씨 빌라에서는 아이러니하게도 한국자산관리공사✿(캠코)가 신탁 전세사기

✿ 『한국자산관리공사 설립 등에 관한 법률』에 따라 설립되어 금융회사 부실채권 인수, 정리 및 기업구조조정업무, 금융취약계층의 재기지원, 국유재산관리 및 체납조세정리 업무를 수행하는 준정부기관이다. 관계 법령에 따라 체납된 국세를

피해자들의 위험을 직접 촉발한 것이나
다름없다. 임대인의 체납 세금을 추심하는
캠코 담당자가 태운 씨 거주 빌라에 걸린
부동산담보신탁계약 내용을 파악 못 한
채 주택 공매❀❀를 진행했다. 그 과정에서
신탁계약상 건물 소유 권리가 있는
금융기관이 임대인이 불법 임대차계약을
맺은 사실을 알았고, 17가구 임차인들에게
퇴거 명령을 하고 명도 소송을 걸었다.
공매도 즉시 취소됐다. 당시 심상정 정의당
의원❀❀❀ 측의 노력으로 태운 씨를 비롯한
빌라 주민들은 즉각적인 퇴거 위협에서

관할 세무서장으로부터 위탁받아 징수한다. 캠코(KAMCO)로 불린다.
❀❀ 금융기관이나 기업체가 가진 비업무용 재산과 국세·지방세의 체납으로 인한 압류재산을 처분하는 것으로 한국자산관리공사가 시행한다.
❀❀❀ 인터뷰 당시 녹색정의당 소속 경기 고양시 갑 국회의원이었다. 4월 10일 열린 제22대 국회의원 선거에 출마해 낙선했고, 다음 날 정계 은퇴를 선언했다.

놓일 수 있었다.

 "탈당 신고서가 작성되기 전에 저희 한 번만 만나주세요. 부탁드립니다." 2024년 11월 28일 이 말을 끝으로 태운 씨는 국민의힘을 탈당했다. TK(대구·경북)에서 자라 자연스레 국민의힘 권리당원이 됐던 그였다. 전세사기 피해자 대책위 대표 8명이 그날 김기현 당시 국민의힘 대표 면담을 청했으나, 호응하는 당 지도부는 없었다.

유년기 '가출'로 몸에 밴 독립생활

저는 집을 좀 일찍 나갔어요. 6학년 때 자취라는 걸 시작했거든요. 4학년 때 부모님 이혼하시고 아버지 밑에서 자랐는데 알코올중독이셔서, 집 안 물건을 때려 부수기도 하고 패기도 하고 그랬어요. '와, 진짜 못 살겠다' 싶었어요. 그래서 가출한 거예요. 엄청 빨랐죠.(웃음) 누나 둘은 저랑 나이 차이가 여덟 살 이상이고 공부들을 잘해서 새벽에 나가서 새벽에 들어오고 그랬거든요.

집에서 창문으로 사람들 발만 보였어요. 반지하방이었거든요. 빌라로 들어가는 일반 대문이 아니라 그 옆 쪽문으로 다녔고요. 사글세였는데, 김해에서 그때 3개월에 15만 원이었나? 돈 구하려고 새벽 우유 배달을 시작했어요. 오토바이 타면 안 되는 나이지만 어쩔 수 없이 탔고요. 솔직히 그때는 무면허 이런 거 단속 같은 거 별로 안 심했거든요. 마음 맞는 친구랑 같이 지내서 그렇게 살 수 있었던 거 같아요. 친구 부모님 집 옆 건물 살았고요. 친구 부모님이 사정 알고 저 외롭겠다고 매일은 아니어도 그 친구랑 같이 놀고 자게 허락해주셨어요. 용돈도 주시고. 진짜 프리하고 좋은 어른들이에요. 도움을 많이 받았죠.

 엄마랑 연락된 게 중학교 3학년 때예요. 반지하방 살면서 누나들 있는 집에 가끔 갔는데 누나한테 온 엄마 연락을 어느 날 제가 받은 거고요. 느낌이라는 게 참 희한하죠. 무슨 무슨 선생님이라고 저장된 번호로 늦은 시간에 전화가 오는 게 이상해서 받았는데 엄마였던 거예요. 그렇게 갑자기 엄마랑 연결되고 서로 울면서 이야기를 나누고, 그동안 이래이래 살았다고 이야기하니까 엄마가 당장 오라고 했어요. 그래서 경주로 가게 됐죠. 친구랑 그 부모님이랑 헤어지는 게 많이 슬펐고요. 지금도 명절이면 그 친구 부모님을 찾아뵈요. 용돈도 드리고.

엄마는 학교만 다니라고 용돈을 주셨죠. 근데 제 몸에 벌써 돈 버는 습관이 있었거든요. 엄마랑 사는 게 불편해서 중학교 졸업 때 말했어요. "엄마 나 그냥 나가서 살게." 고등학교 1학년 딱 되면서 엄마 집 바로 근처 월세방을 살았고요. 7만 원이었나? 그 집 아마 불법 건축물이었을 거예요. 파란색 패널 같은 걸로 대충 만든 조립식 건물이었거든요. 원래 창고로 쓰려다가 세를 준 건지, 잠만 잘 수 있는 크기였어요. 침대 하나 들어가면 공간이 없었거든요. 옷도 몇 개 없어서 옷걸이에 걸고 끝이었고, 화장실이랑 주방은 코딱지만 했어요. 전에 살던 집만큼 벌레가 억수로 많진 않지만 너무 추웠어요. 조립식 건물이니까 춥고 덥고.

 동네 가게 삼촌이 일을 줘서 배달을 또 했어요. 공업고를 다녀서 오후 네 시 반이면 끝나니까 저녁부터 새벽 한 시까지는 계속 아르바이트했거든요. 가게 쉬는 날 빼고는 다. 하루 6시간 하면 한 달에 60만 원, 7시간 하면 70만 원 이렇게 정해서 월급을 받았어요.✿ 어린

✿ 정태운 씨가 고등학교 1학년이었던 2008년 최저 시급은 3770원이었다.

나이에 혼자 살기 괜찮은 벌이였는데 1년 일하다가 제 사업이 됐어요. 엄마가 가게를 인수해주시고, 장사는 제가 했거든요. 저는 근로자로 월급 받는 것보다 오롯이 내가 다 만들어내서 그만큼 책임지는 일을 빨리하고 싶었어요. 남들보다 많이 어려서부터 돈을 벌어서 그런지. 그래서 일찍 가게를 한 거예요.

 일하면서 별별일 다 있었지만, 다 참고 하면 잘될 거다 생각하고 운영했거든요? 그런데 고3 때 감당 못 할 사건이 터졌어요. 배달하던 친구가 교통사고 났는데, 그 친구가 무면허였거든요. 가게로 벌금이 나왔는데 제가 감당할 수가 없더라고요. 사고 수습하면서 가게 접고, 대학 갈 생각을 했죠. 자동차를 좋아하니까 그쪽으로 일하려고요. 워낙 어릴 때부터 오토바이 탔잖아요. 집에서 분해 조립도 해봤어요. 손재주가 꽤 있거든요. 고등학교 땐 납땜 잘한다고 기능부❃에서 인정도 받았는데, 장사한다고 기능부를 계속 못 한 거예요,

❃ 대부분의 공업고등학교에는 전공 심화 동아리인 기능반이 있다. 기능반 학생들은 매년 전국에서 모인 숙련기술인들이 부문별로 실력을 겨루는 기능경기대회 출전을 준비한다. 대회에서 입상하면 대기업으로 스카우트를 받을

가게 접고도 계속 일했죠. 나이트클럽 웨이터 했어요. 저녁부터 일하니까 학교 다니면서도 할 수 있었거든요. 결석하는 날 있어도 선생님이 열심히 사는 놈이라면서 많이 봐주셨고요. 일하는 게 꽤 괜찮았어요. 어른들이랑 이야기하는 게 재밌고, 손님들이 팁도 많이 주셨거든요. 주로 공장이나 건설직 40~50대 손님이었는데, 노래 한 곡 하고 그러면 1만 원짜리도 막 쥐여 주셨어요. 월급이 60만 원인데 팁만 250만 원까지도 받았으니까 벌이가 엄청 좋았죠. 저는 유니폼을 못 입고 아무 와이셔츠에 대충 조끼 사 입고 이름표도 없이 일했어요. 원래 미성년자는 일 못 하는 데니까, 단속 나오면 바로 도망갈 준비했던 거예요. 얘기하다 보니까 좀 이상하네요. 내가 너무 반 불법으로 살았다. 맞죠?(웃음)

그래도 대학은 들어갔어요. 포항대학 자동차과에 수시로, 장학금까지 받고요. 공고에서 내신 3등급 정도였는데, 생활기록부가 꽤 멋졌거든요. 사실 기계

기회가 열린다. 국제 대회인 기능올림픽에 나가서 메달을 따면 대한민국 훈장이 나오고, 군 면제까지도 된다.

만지고 기름 묻히고 하는 거 배우는 데 공부 잘하는 애들 안 오니까 그런 것도 있죠. 여튼 입학했는데 바로 실망하고 3일 만에 자퇴했어요. 같이 공부할 애들이 남자애들만 90명 앉아 있는데 분위기가 너무 이상한 거라…. 다들 덩치는 대단하고 여기저기 문신만 엄청나게 있고, 어수선하고. 저는 진짜 차 좋아하고, 뭔가 뜯고 붙이고 하는 게 좋아서 고3 생일 지나자마자 운전면허 딱 따고 제대로 배워보려고 학교 갔어요. 근데 실망이 너무 컸죠.

바로 군대 갔어요. 제가 또 군대 스타일이거든요. 특전사 떨어지고 해병대 지원했고요. 거기도 경쟁률이 7대1이라 안 될 줄 알았는데 와, 한 방에 딱 됐어요. 그때가 연평도 포격 사건✿ 다음 해라 인기가

✿ 2010년 11월 23일 북한이 연평도 인근 해역에 100여 발의 해안포를 쐈다. 그중 수십 발이 연평도 안에 떨어져 해병대 장병 2명이 숨지고 15명이 중경상을 입었으며, 주민 3명이 다치는 등 민간인 피해까지 발생했다. 당시 해병대 연평부대는 13분 만에 반격해 3문의 K-9 자주포로 80발의 포탄을 쐈다. 이 80발이 북측 해안포 기지인 무도를 타격했는지를 놓고 논란이 일었다. 국정원이 언론에 공개한 무도 해안기지 위성사진에 따르면 15발이 무도 기지에 떨어진 것으로 확인됐다. 북한군은 10여 명이 사망하고 20여 명이 부상한 것으로 알려졌다.

높았거든요. 해병대가 대응 잘해서 칭찬받고 그랬을 때라. 제가 1144기인데 현빈은 1137기, 오종혁도 1141기였어요. 거기서도 저는 전차병을 했어요. 관심 살려서 50톤짜리 탱크 몰았어요. 운전도 하지만 배워서 정비도 다 했고요. 오토바이를 다뤘으니까 빨리 익혔죠. 50톤짜리 탱크는 엔진이 일반 승용차 한 대 크기고, 부품 끼일 곳도 확실하게 딱 보이거든요. 상관이 저보고 부사관 지원하라고 했었어요. 직업으로 하라고. 제대 직전까지 군 생활 진짜 열정적으로 했거든요. 그러다 위험한 적도 있었고요. 일단 제대하고 생각해봤는데, 군대 다시 갈 맘은 안 들었어요.

탈당 신고서

스물두 살에 홀로서기,
벌레와 동거하지 않은 자유를 사고

구미로 갔어요. 홀로서기 하려고요. 경주에서는 엄마 옆에 살았잖아요. 구미는 삼성도 엘지도 억수로 크게 있으니까, 공장에서 일해서 돈을 모아가지고 다시 장사를 해보자, 결심했어요. 자신감이 있었죠. 군대까지 다녀왔는데도 22살이면, 아직도 어리잖아요. 훨씬 어릴 때부터 생업을 했지, 귀신 잡는 해병대도 나왔지. '나는 모든 일을 다 할 수 있다.' 딱 그런 마음이었어요.

수중에 딱 350만 원 있었어요. 300에 35짜리 월세 원룸 구해서 새 이불 하나 딱 사서 들어갔고요. 나머지는 일 구하기 전에 밥 먹을 돈으로 썼어요. 막 20만 원 22만 원 짜리 집도 많았는데, 진짜 바퀴벌레 엄청나게 나올 거 같아서…. 그런 집 있잖아요. 부엌 가구 문 열면 새까맣게 모여 있던 바퀴벌레가 튀어나올 거 같은 그런 집. 『전세지옥』에도 그런 집 이야기가 나오더라고요.✿

✿ "하루는 찬장 안에 작은 바퀴벌레들이 새까맣게 모여 있었다. 얼마나

돈을 좀 더 내더라도 깨끗한 집으로 가고 싶었어요. 벌레 나오고 추운 집은 이미 충분히 겪었으니까. 초등학교 6학년 때 반지하방에서 바퀴벌레랑 쥐랑 같이 산 거는 그보다 더 지옥 같은 일이 일어나는 집 나와서 어쩔 수 없던 거고, 엄마 옆에 살면서 집이 춥고 덥고 해도 엄마한테 따뜻한 밥 얻어먹고 조금 나아지고, 그다음엔 군대까지 나오고 나니까 이제는 웬만한 집을 내 능력으로 갈 수 있더라고요. 더 이상 불법적이지도 않았고요. 이게 세상이구나, 자본주의 사회구나, 정확하게 알았죠. 사글세부터 해서 월세 살고 좀 더 비싼 월세 살고, 돈을 올릴수록 삶의 질이 높아지는 걸 체감했어요.

35만 원짜리 집은 다가구 빨간 벽돌 주택이긴 해도 준신축에, 주방도 분리된 원룸이었거든요. 다른 건

그득하던지, 혹시 내 찬장이 바퀴벌레들 사이에서 맛집이라고 소문이라도 난 건가 싶었다. 바퀴벌레들이 웨이팅이라도 하는 것처럼 보일 지경이었으니까. 찬장 문을 여는 순간 바퀴벌레가 썰물처럼 빠져나가는데 그중 한 마리가 길을 잘못 찾았는지 나를 향해 돌진했다. 그때 다짐했다. 이 집의 주인은 더 이상 내가 아닌 바퀴벌레라고. 그 순간 나는 기숙사에서 나가기로 결심했다." 최지수, 『전세지옥』, 세종, 2023, 32쪽.

몰라도 청결은 확실하게 유지하고 살았어요. 군대 이후로 약간 결벽증 같은 습관이 생겨서 생활 공간이 깔끔하고 오와 열이 딱 맞춰져 있어야 편해요. 벌레 안 나오는 집에서 삶의 만족도가 올라가는 걸 경험하니까 더 나은 집으로 가고 싶었어요. 더 열심히 살면 더 좋은 집 가겠구나, 나도 아파트 들어갈 수 있겠구나 생각했죠. 집은 반드시 갖고 싶었고요. 우리 집에서 누구 하나 나 도와줄 것도 아니고, 어엿한 집 하나 있어야 결혼도 할 것이고.

공장 취업하러 아웃소싱 회사로 갔어요. 거기서 공장에 노동력을 파견하잖아요. 아예 사무실 가서 이력서를 쓰는데 대리라는 사람이 눈에 띄게 멋있어 보였어요. 좀 '누아르 스타일'이라고 해야 하나. 엄청나게 남자 답고 약간 건달 같기도 한데 양복 입고 일하고 있는 게. 저는 한 번도 양복을 안 입어봤거든요. 마침 그 대리가 저 해병대 나온 데 관심을 보이길래 물어봤죠. 그렇게 양복 입고 일하려면 어떻게 해야 하냐고. 그랬더니 대뜸 저한테 싸움을 잘하냐고 물어보더라고요. 그래서 바로 사무실 테이블을 그냥 들면서 싸우는 시늉을 했고요. 이게 거짓말 같아도 전부 100% 진실입니다.(웃음) 같이 이야기 나누다가 분위기 좋아지고, 며칠 후 대표 면접도 봤어요. 면접이 좀 빡셌고요. 대표가 백발에 장발인데 저보다 키도 덩치도 대단했거든요. 몸무게가 120kg는 나가 보이는데 그분도 면접 자리에서 팔씨름을 제안하는 거예요. 그걸 이기고, 공장이 아니라 아웃소싱 업체로 출근하게 됐어요.

출근 전에는 일용직 노동으로 양복 살 돈을 벌었어요. 정장이 필수인데 체육복만 있었거든요. 싸구려 정장 한 벌을 사 입고 첫 출근했죠. 그때가 2013년일 텐데, 한 달 일하고 뗄 거 다 떼고 받은 월급이 130만 원이었어요. 월세 내고 생활하니까 돈이 금방 사라지고, 130만 원이 작은 돈인 줄 그때 알았어요. 엄마 옆에 살 땐 집세도 싸고 도움도 받았는데, 성인으로 사회 나가니까 물가가 억수로 체감되더라고요. 일하면서 면접 때 왜 그렇게 범상치 않은 포스로 나왔는지도 알게 됐고요.

'구미의 쇠락'과 함께 접은 첫 사업의 추억

이쪽이 평탄한 업계는 아니거든요. 구미는 당시엔 특히 전국에서 별의별 사람들이 돈 벌러 오는 곳이고요. 응급실도 불려 가고 경찰서도 불려 가고 하여튼 오만 일 많았어요. 쉽진 않았지만, 다행히 제가 일하면서 회사가 많이 컸어요. 아주 작은 회사는 아니었는데, 1년 6개월 만에 인력이 네 배가 되고 매출도 그만큼 늘었거든요.

 구미 아웃소싱 시장이 레드오션이라 그때 한 공장에만 아웃소싱 업체가 11~12개씩 껴 있고 그랬어요. 그 많은 업체가 소속 근로자를 방치하고, 나가면 채우고 또 채우고, 그렇게 돌아가고 있었고요. 계속 근로자가 왔다 갔다 하니 공장에서도 아웃소싱 업체를 더 많이 쓸 수밖에 없는 거예요. 신경 써서 인력을 관리하면 차이를 만들 수 있는 부분이 보였어요. 공장 일이 정말 힘들거든요. 그냥 공장에 근로자 넣어 놓고 방치하면 이 사람이 뭐 때문에 나가던 이유를 알 수 없어요. 각자도생 되는 거죠. 각자도생으로 밑 빠진 독에

물을 계속 붓는 거예요. 그래서 근로자 개별 상황을 중요하게 관리하고 관계 쌓는 노력도 많이 기울였어요. 관리자들이 우리 직원한테 잘못하면 개입해서 해결도 하고요. 계약 관계만 보면 내가 을이지만, 공장에서 꾸준히 일할 근로자 없으면 그 공장도 어려워지는 건 마찬가지거든요. 계속 근로자들이랑 유대관계를 넓히다 보니까 우리 업체가 근로자들 사이에서 소문이 좋게 났어요. 인력이 많아지고, 공장 관리자에게도 신임도 생겼죠.

대리 형이랑 같이 회사를 독립했어요. 거래처 14개 중 11개가 시작부터 우리랑 계약해줬거든요. 개업 전에 회계로 고생을 꽤 하긴 했어요. 모자란 회계 지식을 둘이서 합숙으로 한 10일간 밤을 새우며 익혔거든요. 그렇게 개업하고, 기존에 제가 관리하던 인력은 3개월 만에 거의 다 옮겨 왔어요. 뺏으려던 건 아닌데, 아무래도 저랑 소통하던 근로자들이다 보니까. 직접 사업하니까 전보다 급여를 훨씬 많이 받고도 회사 잉여금을 남길 수 있더라고요. 그래서 돈을 많이 벌었는데, 버는 족족 다 써서 제대로 모으질 못했어요. 나만 열심히 하면 영원히 잘 되는 줄 알았거든요. 그런데 사업을 1년 정도 하다가 상황이 바뀌었죠. 엘지디스플레이가 상당수 공장들을 파주로 이전한다고 했거든요. 삼성 쪽도 일부만 남기고 구미에서 빠지고,✿ 우리가 인력을 주로 공급하던 2차, 3차 협력업체들도 대기업 따라서 같이 떠날 수밖에 없었고요. 그런 변수까지 다 고려하는 게 사업이라는 걸 그때 배운 거죠. 우리도 같이 옮겼으면 어땠을지 모르겠는데, 막상 경상도 밖을 벗어난다는 데 그땐 거부감이 좀 들었어요. 가면 좀 부끄러울 거 같다고 해야 하나. 그쪽은 서울 가까이라 사투리를 안 쓰는 동네인데, 당시만 해도 사투리 쓰면 막 쳐다보고 그랬거든요. 아무튼, 우리

✿ 박정희 대통령 시절인 1969년에 국가산업단지가 설립된 이래 구미는 대기업을 주축으로 한 국내 전자, 반도체, 섬유 생산기지로 40여 년간 성장하며 한국 수출액의 상당 부분을 차지하는 산업도시의 명성을 얻었다. 그러나 2000년대 들어 산업 트렌드와 생산 환경이 바뀌면서 구미 경제의 두 축이라 할 수 있는 삼성과 엘지의 생산라인이 대거 이전하자 지역 경제가 쇠락하기 시작했다. 대기업 협력업체들이 줄줄이 무너져 생기는 빈 일자리를 채울 새로운 일자리를 만들어내지 못하면서 실업률과 인구감소 문제가 점점 심화됐다.

소속이었던 근로자들 일부를 그때 공장에 부탁해서 정규직으로 붙여 보내고, 나는 실직했어요. 나한테 구미 시장은 그렇게 끝난 거예요.

 이제는 뭘 하고 사나 고민했어요. 논 건 아니고, 있는 돈으로 오토바이를 사서 다시 퀵 업체에 등록해서 배달하면서요. 구미 지리에 빠삭해졌으니까. 그 일을 하면서 배달대행업체를 구상했어요. 음식 배달 대행 전문 업체가 발달하고 있을 때였거든요. 그래서 경주로 돌아가서 차린 거예요. 사업체 차리려면 돈을 써야 하니까 엄마 집에서 살았고요. 결과적으로 잘 안됐어요. 시작하자마자는 잘되는 것 같았는데, 3~4개월 되니까 음식점 사장님들이 배달비를 15% 이상 깎아달라고 했거든요. 사장님들도 직접 배달원 고용하는 것보다 대행 서비스 사용하는 게 더 싼데, 그 비용이 아까운 거지. 사람 마음이 원래 그렇잖아요. 경쟁업체 하나 없는데도 제가 깎아달라는 요구를 거절 못 했어요. 사장님들이 다 우리 동네 사람들이잖아요. 나 어릴 때 배달 일했던 가게 사장님도 있었고요. 깎아주고 완전

적자가 났죠. 그래서 재정난으로 두 손 다 들고 사업 접었고요. 그땐 마음이 너무 힘들더라고요. 남들보다 빨리 고생했다고 생각했는데, 막상 20대 중반에 뚜렷한 직업도 없고 계속 실패만 했잖아요. 매일 아르바이트만 하면서 연명하고 점점 자괴감에 빠지고 있었는데, 때마침 대구에서 아웃소싱 사업하는 지인이 도와달라고 연락이 왔어요. 조건도 괜찮고 해서 두말할 것 없이 대구로 갔죠. 잘하는 일이니까, 그 일을 하면서 다시 살아났어요. 성과도 내고, 급여도 안정적으로 받고, 더 이상 허튼짓 안 하고 돈을 모았죠. 따로 투자 공부도 부지런히 했고요.

황금동 오피스텔에서 맛본 소소한 성취, 드디어 '아파트'로

대구에서는 오피스텔에 살아봤어요. 황금동이라고, 대구에서 제일 비싼 동네였고요. 500에 55였나?

오피스텔, 13층, 진짜 좋더라고요. 층이 높으니까 채광도 좋고 창밖으로 다 보이고. 저는 출퇴근을 매일 하는 것도 아닌데 일부러 아침 일찍 일어났어요. 아침에 커피 마시면서 창밖으로 사람들이 막 분주하게 움직이고 버스랑 차들 막 지나다니고 그런 모습 볼 때 제일 좋았거든요. 나중에 경제적 자유를 이루면 이런 창밖 풍경을 내가 아파트에 살면서 느낄 수 있겠지, 그런 상상을 했어요. 목표가 있으니까 투자 관련 책이라면 손에 잡히는대로 보면서 공부도 많이 했고요. 부동산, 주식은 물론이고, 경영책에 자기계발서까지 두루두루 보면서. 코로나가 심각했을 때잖아요. 대구는 확산이 특히 심했고요. 그 1년 동안 본 책이 100권은 될 거예요. 나중에 좋은 아파트에서 상쾌한 아침을 맞을 생각으로 시간을 꽉 채워 살았거든요. 그때 시중에 돈이 쫙 풀리면서 주식시장 사상 최대치 찍고 난리였잖아요. 저도 버는 돈으로 예금 종류별로 넣고, 주식이랑 국채 투자 실전 연습도 했어요. 그러다 통장에 3억 모였을 때 아파트 청약도 넣기 시작했고요. 저는 꼭 집을 갖고 싶은데 지금 안 사면 못 사겠다는 불안이 컸어요. 값이 막 오르고 있었거든요. 당시에 청약 경쟁률이 못해도 100:1, 보통은 150:1, 우리 집은 170:1인가 그랬어요. 그 경쟁률을 뚫고 운 좋게 당첨된 거예요. 2021년도에.

신혼집이 될 예정이었죠. 오래 만난 여자 친구랑 연말엔 결혼 계획을 생각했거든요. 그동안 제 직장이 뚜렷하지 않으니까 결혼 생각을 못 했다가 결심이 선 거예요. 서른 살에 현금 3억 딱 모았으면 신랑감으로 멋지지 않아요? 그것도 정확하게 나 스스로 모은 돈이잖아요.(웃음) 청약 당첨 소식 듣자마자 바로 가서 계약금이랑 발코니 확장, 옵션 비용까지 다 지불했어요. 나머지 반은 대출 신청해놓고, 입주까지 잔금 치를 계획도 짰고요. 남은 돈에서 일부 현금 남기고, 나머지로 전셋집 구하러 다닌 거예요. 그때 은행 예금 이자가 1%도 안 되니까, 월세 아껴서 전셋집 구하는 게 남는 거였거든요. 다들 같은 상황이니까, 그때 집 구하는 게 진짜 쉽지 않았고요. 우리가 집 보는 와중에 다른 부동산에서 동시에 그 집을 보러 들어올 정도로 전세 매물이 귀했어요. 반전세까지 마찬가지로 귀해졌고요. 10분 전에 본 집 계약하려고 해도 이미 나갔고 그랬으니까. 부동산들도 일단 맘에 들면 계약금부터 넣으라고들 하고. 한 달 넘게 집 보러 다니는 내내 그랬어요. 도저히 이렇게는 집을 못 구하겠다 싶어서 적당하면 바로 계약해야겠다 생각하게 됐죠.

지금 집을 집주인이랑 직거래했어요. 빌라인데 집주인이 건물주이자, 건축 법인이었거든요. 이 빌라에서도 처음 본 집은 놓쳤고, 곧 나올 매물이라고 집주인이 직접 보여준 다른 호수 보고 계약한 거예요. 신축 아파트 부럽지 않게 좋더라고요. 더 이상 고민하면 안 될 것 같아서 보고 돌아가는 길에 집주인한테 계약 의사 밝혔어요. 입주 청소까지 해놓겠다고 해서 정말 고마웠어요. 부동산에 전달하겠다고 했더니 집주인이 중개 수수료가 아깝지 않냐면서 직거래를 제안하더라고요. 그깟 40~50만 원 중개료가 뭐라고 듣고 보니 아까운 마음이 생겼어요. 그래서 직접 계약하기로 했고요. 계약 날 집주인 사무소로 갔는데 진짜 삐까번쩍하더라고요. 벽에 상장도 엄청나게 붙었고 경리도 두 명에, 컴퓨터 모니터도 커브드로 쫙 쓰고, 주식 방송까지 틀어져 있고. 그 자체로 내가 꿈꾸는 삶이었어요. 건물주에, 자기 회사 이름까지 건물에 딱 넣어서 멋지게 지어 놓고, '나도 저래 살아야 하는데' 싶었어요.

등기부등본에 신탁등기가 있었어요. 근저당권까지는 알아도 신탁은 처음 보는 소유권이라 무슨 의미인지 읽을 수가 없었죠. 집주인한테 물어봤더니 전문 용어라 어렵다면서 대신 관리해주는 곳 정도로 쉽게 보면 된다고 하더라고요. 주택 관리를 하려면 그 권한이 필요하니까 소유권을 잠시 빌려가는 거다 이렇게 저렇게 설명을 하고. 당시엔 대출은 없다고 했고요. 처남이 관리소장으로 근무한다고 연락처까지 미리 주고 그랬어요. 제가 잘 모르니까 집주인 쪽에서 대충 속인 거죠. 그렇게 보증금 1억에 월세 35만 원 반전세로 계약했어요. 바로 전입신고하고 확정일자도 받아야 했는데 그걸 못한 게 잘못이었고요. 이유는 있었죠.
1년은 집에 살지도 못했거든요. 계약하고 1년 치 월세도
아예 선불로 냈는데 다시 장사를 해보느라 포항으로
갔었어요. 그랬다가 2022년 말에 대구 돌아와서
전셋집 들어갈 때 전입신고하고 확정일자도 받았고요.
세입자한테 확정일자나 전입신고가 왜 중요한지
몰랐던 거죠.✿ 부동산 투자 공부한다고 읽은 책들은
그런 내용 없었거든요. 전세금 높은 곳에 매매가가
낮으면 갭 투자가 가능하다, 단돈 몇천만 있어도 집 살
수 있다, 이런 내용만 있지. 내가 세입자인데 정작 그
권리는 몰랐어요. 부동산 거래 때 받는 1억 원짜리 공제
증서✿✿가 뭔지도 몰랐고요. 우리 빌라에서 부동산 통한

✿ 전입신고가 늦어지면, 그 사이 집주인이 주택 담보대출을 받거나 집을 팔 경우에 후순위로 밀릴 수 있다.
✿✿ 대한부동산중개사협회가 발급하는 부동산중개업자 공제증서. 부동산 중개 피해 보상을 위해 만들어진 제도지만, 전세사기 사태에서는 사실상 쓸모 없다. 중개사협회 공제약관에 따르면, 보상받을 수 있는 공제금의 총합계액은 공제 가입 금액을 초과하지 못하기 때문이다. 임차인이 개인 공인중개사로부터 받는 '1억 원의 공제증서(법인 중개사는 2억 원)'는 그해 이루어진 모든 계약이 보장받을 수 있는 금액 한도이다. 해당 공제약관은 기존에 복수의 의미로 해석될 여지가 있던 개정 전 공제약관에 대해 대법원이 '1억 원의 보상 한도'를 '공제계약의 유효 기간

집들도 같이 사기당하긴 했지만요. 근데 중개사들도
신탁부동산 계약에 대해서는 잘 몰랐다고 하더라고요?
신탁이라는 거는 그냥 시험 볼 때 달달 외우고 시험만
쳤지, 실제로 뭔지 잘 몰랐다고.

공매 담당자도 잘 몰랐던 부동산신탁제도

드디어 자동차 헤드라이트 만드는 공장에 취직했어요,
대구로 돌아왔을 때. 2023년이 됐고, 새 아파트
입주일까지 2년 정도가 남았을 때거든요. 이제는 모험이
아니라 착실히 고정 수입을 만들겠다는 생각이었죠.
계약직 입사긴 해도 현대자동차 1차 협력 업체라
대구에서는 큰 기업에서 일하게 됐거든요. 잘하면

내에 발생된 공제사고 1건당 보상한도'라고 해석해야 한다고 2008년 판결
이후에 2009년 11월 개정한 약관이다. 국토해양부(현 국토교통부) 승인으로
법적 효력을 갖게 됐다. 제도 취지에도 맞지 않고 역행하는 처사라는 비판이 즉시
일었다. 국토해양부는 피해보상 확대 방안을 적극 검토하겠다고 했으나, 이후 공제
약관의 추가적인 개정이나 보상 확대에 대한 구체적 조치는 이루어지지 않았다.
(대법원 2008. 4. 10. 선고 2007다39949 판결 등 참조)

계속할 가능성이 크니까 꾸준히 일할 생각이었어요.
그렇잖아요. 아파트 들어가면 오랫동안 대출 갚아야
하고, 결혼식 생각도 있고. 그런데 얼마 안 돼서
전세사기 당한 사실을 알았어요.

 일하다 캠코에서 온 전화를 받았어요. 3월 말
무렵인가? 갑자기 우리 집을 공매로 넘겨야 한다고
그러더라고요. 집주인이 세금 얼마를 밀렸는데 그 채권
추심을 담당하게 됐다면서. 갑자기 이게 무슨 소린가,
했죠. 담당자가 집까지 와서 설명을 해줬어요. 어쨌든
절차가 시작돼도 우리는 별 문제없을 거라고, 보증금도
거의 다 받아 갈 수 있을 거라고 안심을 시키더라고요.
우리 집 감정평가가 2억 6천만 원이 나왔는데 전세
보증금은 그 절반도 안 되니 거의 돌려받을 수 있다고요.
이 빌라 열일곱 세대 세입자가 다 선순위인데다가
근저당권자도 없고 깨끗하다면서 이사 계획이 먼저
있는 세입자 주택 몇 개만 공매 넘긴다고 했어요. 압류
금액이 그 정도라고요. 설명을 쭉 들으니까 괜찮겠구나
싶으면서도, 등기부에서 봤던 '신탁'이 떠올랐어요.

그래서 일단 온라인으로 뒤지면서 알아봤는데, 이게 캠코 직원 말과 달리 큰일이 되겠는 거라. 신탁 부동산은 집주인 맘대로 세입자를 들일 수 없다고 나와 있었거든요. 근데 나는 집주인이랑 계약하면서 따로 신탁회사를 거친 적은 없고, 그럼 문제가 생기겠는 거죠. 그런데 캠코에서는 분명 열일곱 세대 전부 문제가 없다고 했고… 어리둥절했죠. 공공기관 채권 회수 전문가들이 설마 모르고 한 소리는 아니겠거니 하면서도 아무래도 불안한 게 사실이고, 일단은 집주인 쪽에 확실히 대출이 전혀 없는 거냐고 확인을 다시 했거든요? 그랬더니 그땐 가구당 1억 얼마씩은 대출이 있다는 거예요. 갑자기 말이 바뀐 데도 놀랐지만, 일단 너무 급하니까 캠코 담당자한테 문자 메시지로 신탁회사 이야기를 했어요. 이런 경우엔 집주인이 담보대출 실행한 경우가 대부분이라니까 한 번만 더 확인해달라고요. 다음날 전화가 오더라고요. 아무리 찾아봐도 대출이 없다고, 정말 괜찮을 거라고 하는 거예요. 희한하다 여겼죠.

근데 '한국'이라는 이름 공식적으로 붙기가 어디 쉽나요? 한국을 대표하는 자산관리공사에서 설마 제대로 안 알아봤을까, 공매 시스템 자체를 관리하는 기관에서 설마 이걸 모르진 않겠지, 집주인이 뭔가 착오가 있을 거다, 생각했어요. 그런데 캠코 담당자가 몰랐던 거였어요. 신탁에 대해서 잘 모르고, 실은 알아보는 방법조차 모르니까 내가 한 번 더 확인해보라는 데도 괜찮다고만 한 거예요. 아마 등기부만 본 거 같아요. 등기부에는 신탁 계약 내용이 들어 있는 신탁원부가 딸려 있진 않거든요. 왜 신탁원부는 온라인 발급도 안 되고 굳이 등기소나 법원에 직접 가야 받을 수 있는지 모르겠는데, 아무튼 그래요. 그 담당자는 집주인이 신탁계약으로 집주인이 대출한 금액이 얼만지, 권리 구조가 어떻게 되는지도 모르는 상태로 우리 빌라의 일부 집을 공매 넘긴 거였어요, 4월에. 바로 터졌죠.

또 일하다 전화를 받았어요. 이번엔 대구칠곡신협이더라고요. 갑자기 "블루하임 301호

사시죠?" 묻더니 대뜸 누구랑 전세 계약했냐고
묻더라고요. 집주인 법인 이름을 댔더니 그 집이 자기네
거라고 했어요. 이게 캠코가 공매를 진행하니까 일이
터진 게, 부동산담보신탁 계약 내용에 대구칠곡신협이
신탁원본의 우선수익자로 되어 있었더라고요.✿
신탁재산을 처분하면 국세보다도 우선수익자 채권이
1순위예요. 그러니까 캠코가 우리 빌라에서 주택 몇
개를 공매 넘겼을 때, 대구칠곡신협 쪽으로 배당 관련한
안내가 갔겠죠. 내가 전화받은 날은 1차 공매 유찰
이튿 날이었던 거고요. 신협에서는 몰랐던 임차 상황을
알았으니, 사실상 불법 점유자인 임차인들한테 전화
돌린 거예요. 당당하게 말하더라고요. 캠코 담당자가
우리 확인도 안 받고 넣은 공매는 다 중지됐다고.

✿ 임대인은 부동산 신탁제도를 활용해 자본을 마련해 다세대 주택을 건축했다.
KB부동산신탁 주식회사를 수탁자로 위탁해 대구칠곡신용협동조합을
우선수익자로 부동산담보신탁계약을 맺었다. 수탁자는 담보신탁으로 소유권을
이전받고 수익권증서를 발행하고, 위탁자는 이 수익권증서를 우선수익자에게
양도함으로써 금융기관으로부터 대출을 받는다. 부동산담보신탁계약 내용을
보면 잔존 담보 가격 내에서 우선수익자가 요구하는 금액이다. 이 내용이 신탁원부
제2017-1950호 내에 첨부된 부동산담보신탁계약서에 나온다.

그러면서 쫓겨나기 싫으면 집을 사라고 하는데,
집주인한테 넣은 보증금은 자기네랑 상관이 없으니까
그 돈은 없다 치라는 거예요. 머리가 띵했죠⋯.
'분명 전입신고도 하고 확정일자도 받았는데 이게 다
무슨 소린가.' 상황 이렇게까지 됐는데 캠코에서는
임차인 보호 차원에서 공매 중지했다는 식으로 말을
바꿨어요. 우리가 얼마나 어이없었겠어요. 신탁원부
파악도 제대로 안 하고 공매 넘겼다가 신협 쪽에서
불법점유 사실을 알게 됐는데, 사실상 캠코에서 임차인
위험을 발생시킨 거 아닌가요? 한 번 더 확인해달라고
할 때라도 똑바로 확인했으면 우리 빌라 사람들,
시간이라도 좀 벌지 않았겠어요? 임차인으로 조치할
수 있는 방향을 찾든가, 아니면 최소한 신협이랑
이야기라도 해봤거나 그랬겠죠.

　전세사기 피해가 이미 많이 보도될 때였어요.
미추홀구 사태가 크게 알려졌으니까, 우리 빌라 사람들
상황이 다들 어떤지 먼저 알아야 뭐라도 하죠. 그래서
엘리베이터에 내가 포스트잇으로 공지했어요. 처음엔

오픈채팅방에 모여서 간단히 이야기 나누고, 날을 잡아서 커피숍에 모였더니 17세대가 한 집도 빠짐없이 왔고요. 미리 신탁사기에 대해서 알아본 게 나니까 정리해서 우리가 사기당한 내용을 공유했고, 그날 바로 침산동 블루하임 대책위가 만들어졌어요. 주도한 사람이니까 얼떨결에 위원장을 맡았고요. 〈MBC〉에서 바로 취재해주고 보도까지 해주면서 대구 피해도 조명을 좀 받았어요. 그러고 나니까 당장 그달 안에 퇴거하라는 내용증명을 보내더라고요. 신협에서 조치를 취한 거죠. 그다음엔 입주민들 전부 명도소송 당했고요.

  신탁사기 당한 세입자들은 재판 열리면 그냥 쫓겨나는 거예요. 피해자가 할 수 있는 게 계속 재판 미루는 것밖에 없고요. 우리 빌라 경우가 신탁사기 중에서도 상황이 더 복잡한 게, 신탁원부 등기 과정에서 행정 실수도 있었거든요. 사고 터지고 직접 계약 내용을 파악하다가 알게 됐어요. 부동산 통해서 계약하고 신탁원부 갖고 있는 분이 있었거든요. 서류를 확인했는데 눈을 씻고 봐도 부동산담보신탁 계약 정보가 없었어요. 중간 정보가 통으로 빠져 있길래 등기소로 가서 신탁원부를 다시 발급했고요. 뒤늦게 2023년 5월 12일에 누락분을 추가했다는 기록과 함께 신탁원부가 제대로 되어 있더라고요.✿ 우리가 임대차계약을 하던 때엔 신탁원부에 계약 내용이 누락된 상태였던 거예요. 진짜 놀랐어요. 신탁이라는 게요. 너무 복잡하니까 사기 치기 아주 딱 좋아요. 성공한 사람인 줄 알았던 건물주는 순 사기꾼이라, 구속 상태예요. 우리 빌라에서 꿀꺽한 보증금만 15억이 넘는데, 다른 데서 또 사기 치려다 방송 때문에 막힌 걸로 알아요.

'미분양 천국'에서 애물단지가 된 분양권

대통령실 앞에서 1인 시위했어요. 전국대책위에서도 계속 신탁사기 문제 알렸고요. 신탁사기 피해 접수만

✿ 2023년 5월 12일 접수된 신탁원부 제2017-1950호 17쪽 간지에는 누락분 추가로 인한 신탁원부 기재사항의 변경 내역이 안내되어 있다.

전국적으로 500가구가 넘는데, 전세사기 피해 규모가
워낙 크니까 적은 축에 속해요. 말 자체도 어렵고 권리
관계가 복잡하니까 전국대책위에서도 당사자가 나서서
이야기하기 전까지는 다루기가 어렵죠. 맡아서 계속
목소리 낼 사람이 없잖아요. 2023년 6월부터 신탁사기
피해자로 목소리를 뚜렷이 내기 시작했는데, 국회 갔을
때 같은 신탁사기 피해자를 딱 한 분 만났어요. 저를
툭툭 치더니 종이 한 장을 쓱 주고 가신 분이었는데,
쪽지를 보고 마음이 참 그랬어요. 본인들 피해 사례도 좀
이야기해달라고 쓰여 있었어요. 너무 복잡해서 어떻게
설명해야 할지도 모르겠다고, 갑자기 불법 임차인이라고
명도소송을 당하게 생겼는데 너무 쪽팔린다고. 존재
자체가 불법이 되니까 마음이 더 어려운 거예요.
거기서부터 주눅이 드니까, 피해자들이 다 마찬가지지만
신탁사기 피해자들은 본인 잘못이라는 생각이 더 큰
거 같아요. 그런데 이 사태가 다 피해자 개인의 잘못은
아니죠. 캠코 직원도 똑바로 모르고, 부동산 중개인도 돈
받고 제대로 설명 안 하는 내용인데.

정태운

심상정 정의당 의원님이랑 이수연 정책보좌관님한테 정말 고마웠어요. 다른 국회의원들이 절레절레하는 신탁사기 문제 맡아서 특별법 안에서 피해자등까지는 인정되도록 억수로 노력해주셨거든요.✿ 당장 우리 빌라 사람들 다 쫓겨나게 생겼을 때는 대구까지 달려와주셨고요. 오셔서 대구칠곡신협 이사장 만나서 이 사람들 내쫓지 말아 달라고 대신 부탁해주셨어요.✿✿ 신협에서 빨리 재판 진행해달라고 계속 재판부에 요청

✿ 2023년 11월 15일 당시 국회 국토교통위원회 소속이었던 심상정 정의당 의원이 '전세사기피해자 지원 및 주거안정에 관한 특별법(전세사기 특별법) 개정안'을 대표발의했다.(더불어민주당·녹색정의당 발의) '선구제 후회수' 재추진 등을 골자로 하는 해당 법안에는 신탁사기 피해자 구제를 위한 대책으로 명도소송 유예, 공개매각 및 강제집행 유예, LH의 신탁사기 피해 주택 매입근거 마련 항목이 포함됐다. 다음해 2월 27일 야당 단독 의결로 법안을 국회 본회의에 직회부, 야당 단독으로 통과됐으나 윤석열 대통령이 거부권을 행사했다. 이후 더불어민주당 소속 염태영 의원이 제22대 국회 1호 법안으로 대표 발의한 전세사기 특별법 개정안 대안'이 국회 본회의를 통과했다. LH는 신탁사기 피해 주택, 위반 건축물도 적극적으로 매입하고 '10년간 공공임대주택 무상 거주'를 지원하기로 했다.
✿✿ 2023년 11월 24일 심상정 정의당 의원은 전세사기 대구대책위원회 초청으로 대구에 방문해 북구 침산동 신탁사기 피해 건물을 찾았다. 대구칠곡신협 이사장 간담회에서 명도소송 중지를 요청하는 한편, 전세사기 대구 지역 피해자 간담회를 열었다.

넣고 있었는데, 의원님 다녀가고 멈췄어요. 말로 표현할 수 없이 고마웠죠. 우리는 다 정의당 가입했어요.

저는 원래 국민의힘 당원이었어요. TK(대구·경북)에서 자랐잖아요. 지역 투표도 그렇고 대통령도 국민의힘 착착 찍었죠. 정치에 관심이 깊었다기보다는 그냥 부자 편에 마음이 갔던 거 같아요. '오로지 자기 능력과 자신감만 있으면 살아갈 수 있는 거다' 늘 그렇게 생각했고요. 어릴 때 가정 형편 안 좋고 세상에 불신도 많았지만 나름 계획을 갖고 필사적으로 살면서 3억이라는 돈도 모으고, 내 집 마련도 눈앞에 있었으니까. 그 노력들이 미친 전세제도 속에서 완전히 무산될 줄은…. 대통령이라는 사람이 하는 소리 들으면 진짜 뭐라카노 싶죠.

대구가 특히 미분양 천국이에요. 아파트 분양권을 마이너스피❋로 내놨는데도 안 팔려요. 아파트 들어갈 돈도 없는데 청약은 취소도 안 되고. 이 문제로

❋ 분양가보다 분양권 가격이 낮게 거래되는 상황을 일컫는 말로 '마이너스 프리미엄'의 준말이다. '마피'라고도 한다.

상담을 받았는데, 신용불량자 되는 게 가장 현실적인 방법이래요. 잔금 내는 시점에 치르는 후불제 이자를 어느 이상 연체하면 신용불량으로 등록되고 분양권 자동 포기된다고. 그러고 서서히 신용 회복하거나 개인회생 신청하거나, 선택하라고 하더라고요.

  시간이 꽤 지나니까 이렇게 웃으면서 이야기도 하네요. 웃을 상황은 아니지만.(웃음) 2023년엔 일주일에 두세 번씩 서울 다니느라 너무 바쁘게 지나갔어요. 이동비도 많이 들고 좀 외롭다는 생각도 가끔 들었죠. 대구에서 계속 목소리 내는 게 쉬운 일은 아니거든요. 그래도 이대로 그냥 나가떨어지고 싶지 않아요. 피해 회복을 위해서도 있지만 현실이 너무 심각해서 화가 많이 나거든요. 전세사기 피해자가 전국에 몇만 명 퍼지는 말도 안 되는 세상에 지기가 싫어요. 제도도, 방치한 국가도 잘못됐다는 거 알려주고 싶어서 대통령실 앞에서 1인 시위 한 거예요. 인수인계는 해놓고 우습게 자꾸 전 정부 탓만 했잖아요. 대통령은 계속 바뀌는 거고, 어느 정부 과오든 이어서 책임질 의무가 있는 건데. 전세제도, 문제 있으면 고쳐야죠. 그대로 내버려두면 세입자들은 앞으로 대체 어떻게 살겠어요. 부동산 시장이라는 건 또 출렁일 수 있는 건데. 이대로 나중에 내 아이들 나오고, 내 아이들도 같은 현실에서 전세 구한다고 헤매면 스스로 너무 부끄러울 것 같아요. 그러니까 어차피 피해자 된 마당에 문제를 해결해야죠. 현실을 바꾸겠다고 목소리 내는 것 자체가 저한테는 의미가 있어요.

화장실이 집 안에만 있으면
괜찮다고 생각했다

✺

서은하

서은하

1988년 서울에서 태어났다. 집의
기억은 화장실이 바깥에 있던 곳에서
시작한다. 서울에서 가격이 싼 동네에서
잦은 이사를 경험하다가 초등학교
2학년 무렵 인천으로 이주했다. 부모님
자가에서 쭉 살면서 중학교에 입학했다.
주 생계 부양자인 엄마에게 조현병이
발병하고 악화하면서 자가를 팔고
서울로 재이주했다. 다시 집을 전전하게
됐다. 고등학교 때 치매를 앓는 친가
조부모와 가구를 합치며 공공임대주택에
들어갔으나, 조부모 사망으로 그 집을
나오게 됐다. 고등학교 졸업 이후
사회생활을 시작했고, 아버지의 산업재해
이후 1인 가구가 됐다. 부모님은 근거지를
지방으로 옮겼다. 사촌 집들을 전전하다
저렴한 '평지 전셋집'을 구했다. 불편하고
열악한 환경에서 퇴행성 관절염을 얻은
뒤, 제대로 된 집을 찾았다. 중소기업청년
대출이 나오는 반지하 집으로 이사하고,
계약 기간을 1년도 넘게 남긴 시기에
전세사기를 인지했다.

"대학 가는 게 일반적이라고 한들
저한테 더 필요한 건 돈이었어요. 집을
나가려면요. 공부는 이미 중학교부터 해야
할 이유를 몰랐거든요. 한다고 어른이
되는 것도, 내가 대학을 갈 수 있는 것도
아니니까요."

개천에서 용 난다던 옛말이 얼마나
비현실적인지 은하 씨는 일찍이 꿰뚫은
게 분명하다. '수저계급론'이 등장하기
훨씬 전부터 "부모처럼 서민으로 사는 게
내 인생이라고 받아들이고 살고 있었다."
그런 그녀의 성장기 '집들'에 관한 기억이
거의 남지 않은 건 집에서 도무지 공간적
감각이 새겨질 여력이 없었기 때문이다.
폭력을 쓰는 아빠, 생계를 부양하는 아픈

엄마, 양상이 서로 다른 치매 환자였던 조부모를 어른이자 동거인으로 두고 살았다. 맘 놓고 기댈 어른도, 간직할 에피소드랄 것도 없는 "벗어나고 싶은 집." 신을 신어야 했던 부엌의 시멘트 바닥, 거기서 쓴 요강, 밖으로 완전히 나가야 있던 화장실이 "형편이 좋지 않았음"에 관한 구체적인 촉각으로 남은 걸 빼면 그녀의 집 이야기는 강한 인상을 남긴 사건 사고와 줄곧 연결됐다. 아빠의 교통사고, 엄마의 발병, 할머니의 폭력, 다시 아버지의 추락사고. 그럼에도 긍정적이고 독립적인 은하 씨 특유의 성격이 무엇보다 귀한 자산 그 자체였다. 부모처럼 서민으로 살아도 빈틈없이 일하면, 부모만큼 힘든 노후는 맞지 않을 거라는 희망과 의지로 억척스레 살고 있었다.

"17년째 최저임금 주는 회사를 왜 계속 다니냐고 빈정거리는 사람들도 있어요. 버티는 거예요. 버텨야 하니까요. 집안 사정이 있으니까 참을성이 좋은 거죠."

은하 씨는 법정 연차가 그림의 떡인 회사에서 야근을 밥 먹듯 하며 장기근속했다. 회사에서 자거나 야근하지 않는 날에도 빈 시간은 전부 아르바이트를 하느라 짐을 두는 곳이 곧 집이었다. 갈수록 최소한의 기능으로 축소되고 부차적 공간으로 남은 집. 머물지 않아도 집에 거주한다고 할 수 있을까? 은하 씨에게 집은 간혹 잠만 자면 그만인 장소

그 이상도 이하도 아니었다.

　그마저 사라진 건 아버지의 추락사고 이후다. 2인분의 노동을 할 수 없게 된 부모는 서울, 아니 도시에 살 수 없었다. 산재보험금은 언감생심, 반강제로 들어온 보상금 1억 원 때문에 국가 지원마저 끊겨서 '깡시골'로 거처를 옮길 수밖에 없었다. 종일 일할 수 있는 은하 씨만 서울에 남기로 했다. 마침내 '집을 벗어났고' 돌고 돌아 다시 화장실이 밖에 있는 것이나 마찬가지인 희한한 집에 살게 됐다. 전입신고를 못 하는 조건 덕에 많이 쌌던 그 집의 문제는 견디기 어려운 추위와, 전입을 못 하는 집 그 자체였다. 사실상 실외나 다름없는 '후천적 구조'

탓이었다.

 "한 번도 부유했던 적이 없어서 집에 대한 기대나 꿈을 가지지 않았"을 뿐인데, 거기 비용이 청구될 줄은 몰랐다. 몸이 아팠다. '퇴행성 관절염'을 진단받고서야 은하 씨는 겨우 주말의 하루를 휴일로 정했다. 얼음장 같고, 스트레스를 유발하는 집에서 떠날 결심도 했다. 다른 건 몰라도 화장실과 부엌은 건물이 지어질 때부터 실내에 있고, 공과금도 따로 부과되는 '진짜 집'이 절실했다. 평지는 포기할 수밖에 없었지만, 처음으로 지하철이 가까운 집에 살게 돼 좋았다. 반지하인 조건을 고려하면 언덕길에 집이 있는 편이 장마철 생존 조건에서 유리한

측면도 있었다.

고생 끝에 마련한 집에서 은하 씨는 전과 다른 생활 감각을 아주 조금씩 만들고 있었다. 지하철을 타고 놀러 다닌 주말은 처음 누린 '호사'였고, 돈을 버는 게 아니라 쓰러 외출했다. 1인용 소파를 집에 들여놓은 건 잠자지 않을 때도 집에 머물며 생긴 변화이자 필요였다. 공간의 욕구란 공간을 쓰면서 감각됐다. 냄새, 집에서 느껴지는 하수구 냄새가 새로운 고민이었던 은하 씨는 일찍이 다음 집은 지상에서 구할 계획을 했다. 그런데 생판 처음 보는 이름의 집주인한테서 아닌 밤중에 홍두깨로 전세사기 당한 사실을 알았다.

은하 씨는 '강서구 빌라왕'에게
전세사기를 당했다. 그것도 계약 중간에
집주인이 바뀌어 졸지에 당한 일이다. 한
번 보지도 않고 은하 씨가 살던 집을 산 새
임대인은 감옥에 있는 상태로 존재감을
드러낸 것도 모자라, 계속 바뀌었다.
더듬더듬 사건을 맞춰갈수록 사기의
전말이 하나씩 드러났다. 임대인은 대규모
사기극의 기획자 신 아무개가 고용한 여러
명의 바지 임대인 중 한 명이었다.❋ 어렵게
어렵게 고소를 했더니, 병합 사건으로
재판받는 신 아무개의 변호사라는 사람과

❋ 부동산이 동원된 조직적 사기다. 부동산컨설팅 업체 대표인 신 아무개는
은하 씨의 임차인인 '강서구 빌라왕'의 배우로, 바지 임대인 여럿을 두고 '무자본
갭투기'로 다세대주택을 사들여 임차인 37명으로부터 약 80억 원을 가로챘다.
바지 임대인 중 한 명은 빌라와 오피스텔을 240채 매입하고 세를 놓다가 2021년
제주에서 숨겼다.

그 가족까지 선처를 요구해오며 속을 더 뒤집어놨다.

  뒤늦게 만든 휴일은 다시 반납했고, 은하 씨는 없는 시간을 쪼개고 쪼개 요건을 맞춰 전세사기 특별법상 피해자 인정을 받았다. 곧 깊은 절망감이 왔다. 지원센터에서는 피해 주택을 직접 낙찰받는 게 최선이라고 했다. 사기당한 집의 2024년 기준 공시지가*는 은하 씨가 돌려받지 못한 보증금의 반 정도, 나가려던 집을 억지로 비싸게 보유해 재주껏 피해를 복구하라는

✽ 토지 이용 상황이나 주변 환경, 기타 자연적·사회적 조건이 일반적으로 유사하다고 인정되는 일단의 토지 중에서 대표할 수 있는 표준지를 선정하고 적정가격을 조사·평가해 결정·공시한다. 크게 '표준지공시지가'와 '개별공시지가'로 나눈다. 통상적으로 '공시지가'는 '표준지공시지가'를 의미한다. 공시지가는 토지시장의 지가정보를 제공하고 일반적인 토지거래의 지표가 되며, 국가·지방자치단체 등의 기관이 그 업무와 관련하여 지가를 산정하거나 감정평가업자가 개별적으로 토지를 감정 평가하는 기준이 된다.

의미나 다름없었다.

　무진 애를 쓰며 은하 씨가 집주인에 대한 민사소송을 마친 게 2024년 3월, 4월엔 신 씨에 대한 확정판결이 나왔다. "임대차 보증금은 당연히 반환되는 것이라는 이들의 신뢰를 이용해 피해자들에게 막대한 손해를 입혔다"라며 대법원은 1심과 동일하게 '8년'을 선고했다. 깊은 한숨 같던 은하 씨의 말이 떠올랐다. "죄지은 사람이 그만큼 책임 지게 하는 게 왜 안 되는 걸까요? 나는 여전히 사기로 얼룩진 집에서 더 많이 벌어야 해서 전보다 못 자고 더 많이 일하는데."

화장실이 밖에 있던 첫 집의 기억

방문을 열면 시멘트로 된 바닥이 나왔어요. 불을 사용할 수 있는 곳이라 주방이었을 텐데 저는 화장실을 가기 싫어서 거기서 요강 같은 걸 썼어요. 화장실이 집 밖에 있었던 거죠. 집에 대한 첫 기억은 그거예요. 초등학교도 가기 전에 살던 집인데, 아마 불편해서 기억에 남았나 봐요. 방을 나서면 신발을 신고 밖으로 나가야 한다는 거고, 그만큼 형편이 좋지 않았다는 거고. 그다음부터는 그래도 '일반적인 집'에 살았어요. 화장실이 집 안에 있는.

어릴 때부터 이사를 워낙 많이 다녔어요. 서울에서 태어나서 노량진 쪽이랑 신림동 주변에서 때마다 옮겨 다녔거든요. 그러다 인천으로 가서 한집에 쭉 살게 됐죠. 고모부가 지은 집을 부모님이 사셔서, 초등학교

2학년 때 일인데도 엄마 아빠가 엄청나게 기뻐하셨던 기억이 나요. 엘리베이터 없는 4층 건물의 아담한 서민 집이었지만 방 세 개에 베란다도 있었고요. 중간에 작은아빠네 가족도 들어와 살았어요. 네 식구가 방 하나를 썼고요. 사촌 여동생 둘이 있었는데 같이 놀고 그러진 못했어요. 가족 사이가 별로 안 좋아서 작은엄마가 주로 데리고 나갔거든요. 그 집도 참 고생한 거죠. 잠깐 머문다고 하고 한 2~3년 정도 살았으니까 엄마가 많이 불편했을 거예요. 저는 작은아빠네 식구가 있는 편이 나았지만요. 그땐 가정폭력이 없었거든요.

  우리 집은 엄마가 주로 일하셨어요. 식당, 미싱 보조, 공장 등등 돈 되는 일은 다 하셨을 거예요. 지금도 설거지 일을 하시고요. 아빠는 막노동하셨는데 꾸준히 일하는 모습을 보진 못했어요. 오토바이 사고로 죽네 사네 할 정도로 다쳐서 정기적인 일을 못 하게 되신 거래요. 온몸에 붕대 감았던 아빠 모습이 머릿속에 어렴풋이 있어요. 아주 어렸을 때 첫째 고모가 저를 치마 속에 몰래 숨겨서 어린이가 못 들어가는 병실에 데리고 들어갔고… 아마 중환자실이었겠죠? 충격적이라 기억에 남았을 거고요. 아빠는 결국 살아나셔서 가정폭력을 하셨어요. 고모 말로는 사고로 머리 쪽을 심하게 다쳐서 난폭해졌다는데, 그전에도 난폭하셨을 거예요. 저는 가정폭력을 하는 아빠만 봤어요. 주먹으로 맞긴 했지만 엄마처럼 그렇게 심하게 멍이 들 정도는 아니었고요.

엄마가 아프면서 아빠 폭력이 없어졌어요. 엄마가 폭력적으로 됐거든요. 정신병이 생기신 게 저 5학년 때인데, 사실 그전부터 시작됐는지도 모르죠. 병이 심해지면서 힘도 세지고. 그래서 아빠가 계속 엄마를 감시하고, 사고 수습하러 다니고 그럴 수밖에 없었어요. 심할 땐 묶어놓기까지 하고. 엄마가 아프면서부터 계속 살던 집을 떠나고 싶어하셔서, 중1 때 결국 서울로 다시 간 거예요. 지금 생각하면 엄마는 그때 누군가에게 공간을 침범당한다고 여기신 거 같아요.

서은하

벗어나고 싶었던, 집

이모가 있는 용산구에서 방 두 개짜리 작은 다가구 집으로 간 걸 기억해요. 이후로 다시 자주 옮겨 다녔고요. 서울에서 집을 살 수 없었겠죠. 이사 다니는 건 어릴 때부터 익숙해서 그렇게 힘들다고 느끼지 않았어요. 한 번도 부유했던 적이 없어서 어차피 집에 대한 기대나 꿈도 없고요. 달동네 불리는 언덕부터 반지하 빌라나 다가구, 다세대 주택까지 다 거치면서 '집은 그냥 집'이라고 생각한 거 같아요. 잠만 자면 되는,

집에 대한 기억이 별로 없네요. 엄마가 아프시니까 뭔가를 함께한 일도 없고, 중학교 땐 특히 힘들었거든요. 학교라도 좋았으면 또 모를까, 왕따를 당해서. 또래 여자애들이 따귀 때리고 발로 차고 그랬는데 엄청나게 아프다고 느끼진 않았던 거 같아요. 솔직히 참을 만했던 것도 같고…. 어차피 저는 집에서도 그랬으니까요. 그에 비하면 또래 여자애들은 비쩍 말라서 주먹이 세지도 않고, 아픔을 느끼는 것도 다 상대적인 거니까요.

괜찮았다는 말은 아니에요. 감정을 잃어버렸거든요. 완전히 혼자 감당했으니까. 엄마는 결국 병원에서 조현병 진단을 받고 약을 쓰면서 병이 컨트롤됐어요. 더 빨리 병원을 가셨으면 좋았을 텐데, 그때만 해도 정신병으로 병원 가는 게 지금처럼 쉬운 분위기가 아니었잖아요. 그때 치료받는 3~4년뿐일 거예요, 엄마가 살면서 일을 쉬셨던 기간은요.

집을 벗어나고 싶었어요. 나가려면 돈이 많이 필요하니까 인터넷 판매 일을 배워야겠다고 생각한 거예요. 그때 한창 유행이라 인터넷 판매로 돈 많이 버는 사람들이 텔레비전에 엄청나게 나왔거든요. 억대 연봉 번다 그러고, 월에 몇천씩 번다고 그러고. 너무 부러웠어요. 그래서 인터넷 비즈니스과가 있는 고등학교를 찾아보니까 강서구에 있었고요. 중학교 근처를 피하려고 일부러 멀리 있는 고등학교를 찾은 것도 있어요. 그런데 다니다 보니 너무 힘들더라고요. 고2 끝 무렵에 학교에서 멀지 않은 동네로 또 이사하게 됐죠.

나라에서 집을 해주더라고요. 치매 있으신 친가

조부모님이랑 합쳤거든요. 할머니 할아버지 엄마
아빠 그리고 저, 이렇게 다섯 식구가 같이 나라가 해준
집에서 살았어요. 살아본 집 중에 제일 넓고 좋았어요.
오래됐지만 베란다도 있고 해도 잘 들고, 침대 들어가면
끝나는 공간이긴 해도 방 3개에 화장실도 2개였거든요.
화장실이 2개인 집은 그때가 처음이자 마지막이었어요.
거기서 처음인 게 그것만은 아니었지만요.

  치매에도 종류가 있다는 거 혹시 아세요? 이
집 살면서 저는 처음 알았거든요. 같은 치매여도
할아버지는 몸을 잘 못 쓰시고 종일 집에만 계셨는데,
할머니는 자꾸 돌아다니면서 행방불명되고 넘어져서
어디 부러져 오셨어요. 가족인 줄도 모르고 '내 돈
내놓으라'면서 우리를 늘 때리고. 어디든 붙잡고
패기 시작하면 제가 고등학생인데도 떼 낼 수가 없고
얼마나 아픈지…. 치매 걸린 할머니가 미친 엄마만큼
힘이 셌어요. 저 맞는 거 보면 할아버지가 와서 할머니
때리고, 엄마도 할머니 때리고. 정말 바람 잘 날 없었죠.
집은 저한테 쭉 그런 곳이었던 거 같아요. 있어도 딱히

좋을 게 없는. 그래서 더 열정페이로 일했나 봐요. 회사 다니고부터는 회사에서 거의 살다시피했거든요.

"우리 회사 10년 이상 다닌 사람은 다 사정이 있어요"

편의점 아르바이트를 시작했어요 수능 끝나자마자. 원래 공장 취업하고 싶었는데 떨어지고 가까운 데서 바로 일을 찾았거든요. 인터넷 비즈니스는, 현실이 만만치 않다는 걸 알았죠. 방송 나온 사람들처럼 다들 1억씩 벌고 그런 건 아니니까, 그냥 안정적으로 공장 다니면서 돈 벌고 싶었어요. 편의점 일은 주말 풀타임으로 하고 평일 저녁 알바생 빌 때 대타도 뛰었어요. 낮에는 취업한 애들 아니면 학교 가야 했거든요. 그때 시급이 2800원이었나?* 최저시급이 안 됐는데 그때만 해도 최저시급 안 지키는 데 많았거든요. 첫 직장이라 뭐가

* 2006년 최저임금은 3100원이었다.

뭔지 잘 몰랐고 '원래 이렇게 받는 건가 보다' 했고, 돈이 필요한데 돈이 안 됐고, 그래도 주말에 집에 있는 것보다 일하는 게 나았어요. 손님이 별로 없어서 주로 앉아 있는 시간이 많고, 핸드폰 게임도 하고 만화도 보고 그랬어요. 게임이랑 만화를 좋아해요. 그거 말고는 현실을 피할 수 있는 게 없으니까요. 돌아다니면 돈만 드는데, 편의점에서 일하면서 안 팔린 삼각김밥을 많이 먹었어요.

인터넷 판매회사 들어갔어요. 배운 게 그거라고, 편의점 다니면서 계속 알아봤거든요. 집 가까운 직장을 구했고요. 첫 월급이 100만 원, 적은 돈이긴 해도 그렇게 싸다고 느끼진 않았어요. 우리 학교에서 취업한 애들 평균 월급이 120만 원이었거든요. 고3 때 반마다 취업한 애들 연봉 순위가 벽보로 붙었는데 대기업 연봉이 3천대고 그보다 낮은 회사가 2천대였어요. 성적 상위 10%인 애들 연봉이 2천 얼마 이상이니까 나는 100이면 괜찮다고 생각한 거죠. 스펙이 있거나 공부를 잘한 것도 아니니까. 그래도 미용실 '시다' 월급보다는 많았어요.

 주6일 출근인데도 매일 야근했어요. 물건 사진 찍고, 상세 페이지 만들고, 물건 올리고 기타 등등 인터넷 판매에 필요한 온갖 잡다한 일을 다 하느라. 처음에 모르는 게 많은데 상사가 너무 빡세게 굴어서 압박감이 얼마나 심했는지, 집에를 못 가고 야근으로 때우면서 일을 배운 거예요. 갓 스무 살에 입사해서 어른들 이야기 다 듣다 보면 할 일은 미뤄지는데, 빨리 못 한다고 야단이었거든요. 화장실 가는 시간까지 뭐라고 하고, 다른 팀 일 도와주는 걸로도 혼나고. 회사에서 자는 날이 워낙 많아서 아예 옷가지를 회사에 두고 다녔어요. 말 그대로 살다시피 했는데 벌써 17년째 다니네요.

 우리 회사 10년 이상 다닌 사람은 다 사정이 있어요. 지켜지는 게 거의 없거든요. 주5일 출근, 공휴일 휴무, 연차 같은 것들. 이런 게 다 당연한 거라지만 내 현실에서는 그렇지 않았어요. 주5일 출근을 서른 넘어서 부모님 신경 써야 한다는 이유를 대고 시작했는데, 대체 공휴일이랑 근로자의날은 올해부터 그냥 안

나가버린 거예요. 다른 직원이랑 같이요. 심장이 막
콩닥거렸는데 막상 사장님도 뭐라 못하더라고요.
우리가 잘못한 건 아니니까. 그런 회사 왜 계속 다니냐고
빈정대는 사람들도 있는데요. 버티는 거예요. 버텨야
하니까요. 그동안 그만둔 사람 많았죠. 오전에 출근해서
점심시간에 안 들어온 사람도 있고, 다양했어요. 집안
사정이 있으니까 참을성이 좋은 거예요. 이제는 9시
출근 6시 퇴근을 지키려고 많이 노력해요. 야근해도
퇴근하고 아르바이트하는 게 낫지, 더 이상 열정페이로
안 하려고요. 이게 제 현실인데 밖에서 회사 이야기하면
다들 숨막혀 해요. 친구도 서른 넘어서 고등학교 동창
모임 가면서 생긴 건데, 이런 얘기까지 털어놓긴
어렵더라고요. 어차피 이해 못 받으니까.

아버지의 추락사고, 그리고 독립

저는 아빠가 사고를 또 당하시면서 독립하게 됐어요.

세 식구가 도저히 서울에서 같이 살 수 없게 됐거든요. 일하던 건물 4층에서 떨어져서 크게 다치셨는데 산재보험금을 못 타셨어요. 회사에서 계속 보상금 받으라고 닦달해서 결국 1억 남짓 보상금을 받으셨거든요. 그리고 서울에서 살 수 없어진 거예요. 우리 집은 계속 국가 지원을 받았는데 1억이 생기니까 갑자기 복지 사각지대에 놓이더라고요. 그런데 아빠는 재활도 받아야 하고, 살던 집은 할머니 할아버지가 돌아가시면서 더 이상 세 식구로 살 수 없다고 쫓겨날 상황이었어요. 그래서 부모님은 강원도 시골로 내려가셨어요. 하루에 버스 네 대 정도 들어오는 진짜 엄청난 시골이거든요. 그래서 제가 혼자 남았고요.

  싸고 평지인 집만 찾았어요. 언덕이 너무 지겹고 싫어서. 다른 조건은 뭐, 어차피 집은 잠만 자거나 짐만 맡기는 곳이니까. 그냥 화장실이 집 안에 있으면 집이다, 집이면 다 살 수 있다고 생각했어요. 그러다 보니 처음 구한 집이 진짜 희한했고요. 주소 등록도 못 하는 집이라 더 쌌거든요. 전세로 8500만 원 정도였는데 엄마가 내려가면서 주신 돈에 제가 일하면서 모은 걸 합해서 보증금을 냈고요. 집주인이 가벽을 설치해서 둘로 나눈 집이라, 불법이었을 거예요. 베란다를 개조해서 부엌을 만들어서 베란다가 곧 주방이고, 화장실도 그 옆에 있었어요. 방이 두 개라고 있는데 하나는 사람 한 명도 겨우 누울 크기라 너무 작아서 짐만 보관하고, 나머지 하나는 침대 넣고 끝이었어요.

집이 희한해도 별 문제없을 줄 알았어요. 싼 집이란 싼 집은 다 살아 봤으니까 어떻든 집이기만 하면 못 살 거 같지 않았거든요. 어차피 있을 일도 없으니까. 평일은 회사에서 거의 살고, 주말에도 자는 시간 빼고는 거의 배달이나 택배 아르바이트를 하러 다니고. 그런데도 너무 힘들었던 게, 실내가 제대로 만들어진 게 아니라 겨울에 얼마나 추웠는지 몰라요. 결정적으로는 집주인 잔소리 스트레스가 심했고요. 내 이름으로 주소 등록이 안 되니까 공과금, 우편물 같은 게 다 집주인 거에 포함됐거든요. 집주인이 매달 전기랑 물 사용료를 계산해서 받으러 오면서 그때마다 이것저것 잔소리를 했어요. 제가 집에 잘 없으니까 왜 이렇게 집에 없냐는 둥, 우편물 좀 제때 가져가라는 둥. 간섭받는 건 질색인데. 요금도 내가 쓴 거보다 훨씬 많이 내라는 거 같은데 정확히 알 길이 없잖아요. 할 말을 제대로 못 하고 스트레스가 많았죠. 이게 내 집인지 남의 집인 건지. 너무 불편하니까 집에 더 있지를 못 하나 싶기도 했고요.

어느 날 갑자기 턱관절 장애가 오더라고요. 입이 벌어지질 않아서 병원에 갔더니 퇴행성 관절염 때문이라고. 그때 충격받았어요. 서른 살에 퇴행성 관절염은 너무 안 어울리잖아요 먹방 유튜버도 아닌데. 의사가 스트레스 때문이라면서 쉬어야 한다고, 많이 풀어주라고 했어요. 돌아보니까 한 10년 넘게 오로지 일만 했더라고요 노예처럼. 회사에 몸바쳐 일하고, 나머지 시간도 일만 하고, 그러다 건강만 축나고. 이대로 살 순 없겠더라고요. 그래서 나름 결심했고요, '뭔진 몰라도 사람답게 좀 살아야겠다.' 일단 쉬는 날부터 만든 거죠. 주말 중에 하루는 아르바이트를 멈추고

친구도 만나 보고요. 그제야 '집 같은 집'도 찾기로
한 거예요. 아프면서 바로 다른 집부터 찾으려 했는데
집주인이 계약은 채우고 나가라고 해서 바로 나가지도
못 했거든요.

화장실과 부엌이 실내에 있는 집으로

그… 맞아, '진짜 나만의 집'이 너무 갖고 싶었어요.
전기든 수도든 알아서 쓰고 그만큼 내가 돈 내고 사는
집이요. 화장실이나 부엌도 진짜 안에 있고요. 보증금을
높였죠 1억까지. 무조건 싼 집만 찾다가 진짜 많이 높인
거예요. 중기청 대출을 받을 수 있었거든요. 선택지가
없기는 마찬가지라 부동산이 딱 두 집 보여줬어요. 언덕
없는 지상층이랑, 언덕 좀 있어도 지하철 가까운 반지하.
저는 지하철 가까운 반지하 집을 골랐어요. 역까지
(걸어서) 10분 좀 안 걸렸거든요. 언덕도 지겹게 살았지만
그동안 서울에서 산 집이 다 버스를 타야 지하철역으로

갈 수 있는 곳이라, 저는 그 불편함을 알아요. 사람답게
살려니까 좀 나가고 싶고 그랬거든요. 어디라도
나가려면 지하철이 가까워야 하고요. 반지하면 언덕에
있는 편이 더 낫다는 생각도 있었어요. 침수될 일은
없을 거 같아서요. 짧은 시간에 그래도 집에 대한 기준이
나름 생긴 거죠. 보증금은 예상보다 500만 원 더 비싸서
1억 500. 대출을 최대로 받고 엄마가 주셨던 돈은 거의
돌려드렸어요.

사는 맛을 좀 알았다고 해야 하나. 이 집 오고 한동안
놀러 다녔거든요. 건강도 돌아왔고, 코로나 때라 여유도
좀 생겼었어요. 평일 저녁 배달 알바 수입이 괜찮아서
그 돈으로 주말에 지하철 타고 강남도 가고, 성수동도
가고, 홍대도 가고 여기저기 다녔어요. 친구들 모임도
가고, 약속 없어도 혼자 집에 있으면서 웹툰이나
애니메이션으로 만화도 보고. 그전엔 잠자는 침대
말고는 앉을 데가 없었는데 1인용 소파를 장만했거든요.
좀 편안해지고 싶어서요. 그거 말곤 놓을 데가 없어서
더 산 게 없지만, 대신에 필요한 것들을 슬슬 새

물건으로 사 봤어요. 원래 뭐든 중고로만 샀거든요. 주로 동묘시장 다니면서 옷도 1천 원짜리만 사고, 여섯 벌에 5천 원짜리 이런 거만 집고. 금방 원래대로 돌아가긴 했어요. 미래도 생각해야 하는데 새것을 사니까 돈이 안 모이더라고요. 그다음부턴 주로 동대문 일요시장❋을 다녀요. 거기는 중고랑 새것을 같이 팔거든요.

낯선 이름의 집주인에게 사기를 당하고

어느 날 집 앞에 대행 부동산 쪽지가 붙어 있었어요. 집주인이 감옥에 있어서 대행한다고. 처음엔 '잘못 붙였나 보다' 했어요. 집주인 이름이 달랐거든요. 당시가 2021년 초봄이니까 계약 기간도 1년도 넘게 남았을 때고요. 근데 왠지 찝찝해서 확인차 부동산에 전화했고, 잘못 붙인 게 아니란 걸 알게 됐어요. 저 모르게

❋ 새 제품을 저렴하게 판매하는 시장. 주로 신당동 779번지 일대, 신평화, 남평화, 동평화 상가 사잇길과 광희패션몰 일대에서 열린다.

집주인이 이미 바뀌었더라고요. 개인에서 부동산 법인 소유로. 그러니까 감옥에 있는 사람은 법인 대표였고요.

바로 이사 나가려고 했죠. 전세사기 뉴스가 꽤 들렸는데 너무 불안해서 더 살 수가 없었어요. 말 없이 집주인 바뀐 것도 찜찜한데 수감까지 됐다니까. 집을 내놓았더니 꽤 여러 명이 보러 오고 금방 나갔어요. 2021년이 부동산 거품이 심했을 때라 보증금이 1억 6천인가 6500인가로 엄청나게 올랐는데도 다음 세입자가 구해지더라고요. 그런데 갑자기 부동산이 중간에 손을 놨어요. 수감 중인 집주인이 연락이 잘 안돼서 더 이상 대행을 안 한다고. 그렇게 시간만 흘러서 계약 만기일이 오고, 지금까지 온 거예요.

대출 문제로 속을 많이 태웠어요. 전세사기인 건 200% 확실하고, 보증금 못 받으면 나는 대출 갚을 돈이 없으니까요. 만기일이 다가올수록 속이 타들어가서 일찍부터 은행으로 향했어요. 물어보는 수밖에 없잖아요. 기가 막힌 건, 거기서도 코 베일 뻔했다는 거죠. 대리라는 사람이 저보고 다른 신용대출로 갈아타서 연체를 막으라고 했거든요. 돈 갖고 오는 거 말고 다른 방법이 없다면서. 그 얘길 듣고 제 딴엔 조금이라도 더 이자가 싼 인터넷 은행 대출을 바로 알아보다가, 문득 정신이 들었어요. '이게 내가 할 짓이 진짜 맞나' 싶더라고요. 사기당한 마당에 일반 신용대출로 갈아타면 이자 비용이 훨씬 높아지잖아요. 이건 너무 말이 안 되는 소리 같아서 다시 은행에 몇 번씩 가서 직원한테 사정해보고 다른 방법을 물어봤어요. 그런데도 없다고만 하니까 결국 거의 포기 상태로 연체 맞은 거예요. 바로 은행 팀장이라는 사람한테 연락이 오더라고요. '올 게 왔구나' 하고 자포자기하는 심정이었어요. 마지막으로 사정을 다시 이야기했어요. 내가 정말 방법이 없다고. 대출금 갚고 싶어도 당장 전세사기를 당해서 사정이 이렇고 저렇다고. 그랬더니 팀장이 방법을 알려주더라고요. 임대차계약 묵시적 갱신*이 되면 한 번은 연장할 수

● 임대인이 임대차 기간이 끝나기 6개월 전부터 2개월 전까지의 기간에 임차인에게 갱신거절 통지를 하지 않거나 계약조건을 변경하지 않은 경우에는

있다고, '살았다' 싶으면서도 한편으론 너무 화가 났죠.
대리라는 사람은 그동안 팀장한테 보고 한 번 안 했다는
소리잖아요. 신용대출로 갈아탔으면 나는 더 큰일 나는
상황이었는데….

피해자에게 돌려줄 돈은 없어도 변호사
쓸 돈은 있는 사기꾼들이 잘도 살아가는 세상

계약 때 딱히 수상한 것도 없었어요. 다른 피해자들
이야기 들어보면 어떤 분은 대출도 공인중개사가 지정한
사람한테 했다, 계약도 대리인이랑 했다고 하는데 저는
공인 중개사 통해서 집주인이랑 직접 계약하고 대출도
알아서 회사 가까운 은행에서 했거든요. 집 주인이 곧
바뀔 수 있다고 중개사가 말하긴 했지만, 크게 신경 쓸
일은 아니었고요. 이사를 워낙 다녔으니까 알잖아요.

그 기간이 끝난 때에 전 임대차와 동일한 조건으로 다시 임대차한 것으로 본다.
임차인이 임대차 기간이 끝나기 2개월 전까지 통지하지 않은 경우에도 또한 같다.

살다가 중간에 집 보여주고 집주인 바뀌고 그런 거,
게다가 제가 대출받겠다고 낸 서류가 얼마나 많았는데요,
회사 재직증명서부터 해서 별별 서류를 다 내고 대출
심사 때 아무 문제없는 집이었어요, 근저당도 없고요,

 저만 재수 없이 걸린 거 아니에요, 피해자 모르게
집주인 바뀐 경우가 화곡동에 특히 많거든요, 우리
집주인 이름 태그한 피해자 오픈채팅방까지 따로 있는
사실은 형사고소하고 알았는데, 피해자가 한둘이
아니었어요, 집주인이 빌라왕이었거든요, 법인 주소는
경기도 지역인데 부동산은 전국구로 퍼져 있고,
인천이고 부천이고 온갖 동네에 발을 뻗쳤더라고요,
배후까지 따로 있고요,

 언젠가부터 저한테 낯선 사람 공판 알림 문자까지
왔어요 신○○이라고, 담당 형사한테 물어보니까
내 집주인은 바지 임대인이고, 이놈이 실질적인
집주인이라고 하더라고요, 그제야 앞선 상황이 조금씩
이해됐어요, 집주인은 고소당하고도 나한테 연락 한
번 없었는데, 신○○란 놈은 뭐가 엄청나게 왔거든요,

변호사도 비싸게 샀는지 변호사한테서도 연락 오고, 아내라는 사람도 연락 왔어요. 자기가 유방암에 걸렸다면서 남편을 선처해달라고. 사기 친 돈을 어디 숨겨놨는지, 주인한테 돌려줄 돈은 없어도 변호사 쓸 돈은 있나 봐요. 피해자들을 아주 멍청이로 아는 거죠. 도대체 몇 사람 돈을 떼먹고 인생을 파탄 내고, 자기네들은 선처해달라고 하는지….

  나는 변호사를 살 수 없잖아요. 하나부터 열까지 다 직접 했어요. 서류 만들고 소송 걸고. 다른 피해자들도 마찬가지죠. 누가 그런 걸 대신해주는 게 아니니까. 전세피해지원센터는 물론이고 은행이랑 경찰에 법원에 주민센터까지 일이 될 때까지 몇 번씩 왔다 갔다 왔다 갔다. 지원센터를 다들 일하는 시간에 운영하니까 저처럼 맘대로 휴가 쓰기 어려운 사람은 찾아가는 것부터 큰일이거든요.❋ 접수하고도 한 달은 기다렸고요. 결국은 경매로 집을 가지라고 하더라고요. 얼이

❋ HUG가 운영하는 전세피해지원센터 운영 시간은 평일 오전 10시부터 오후 5시다. (오후 12시~1시 제외) 주택임대 계약 관련 상담 서비스를 제공하는 서울시 전월세종합지원센터는 전세사기와 깡통전세에 대한 우려가 커지자 2023년

빠졌죠. 피해자 결정문 하나 받으려고 그렇게 애를 썼는데. 어느 날 갑자기 사기당하고, 그 집을 억지로 가져야 한다는 걸 받아들이는 게 너무 힘들더라고요. LH가 전세사기 피해 주택을 사서 피해자에 10년간 무상 임대를 추진한다고들 하는데 반지하 주택은 매입 제외거든요.❀❀ 집 가지는 것 자체가 부담인데, 공시지가로 5천 좀 넘는 집을 1억 넘게 주고 고생고생하고 억지로 가질 '기회'를 얻은 거예요 제가. 평생 가도 집이란 건 못 가지고 서민으로 사는 게 내 인생이라고 받아들이고 살았는데, 이 기회로 집이 생기는 걸 긍정적으로 생각해야 할까요? 정화조 냄새 올라오는 게 너무 힘들어서 다음 집 구할 땐 지하에 살지 않으려고 했는데.

  이 와중에도 사기꾼들은 계속 돈 벌 궁리를 하고 있더라고요. 집주인이라고, 법인 대표가 그동안

5월부터 평일 오전 9시부터 오후 5시였던 운영 시간을 오후 8시까지 늘리고, 주말과 공휴일에도 오전 10시부터 오후 4시까지 상담을 받기로 했다.
❀❀ 인터뷰 이후 전세사기 특별법 개정안이 시행되고 LH가 유형·면적 제한을 완화하면서 전세사기 피해 주택 매입의 대상이 더 넓어졌다.

두 번이나 또 바뀌었는데 두 번째 대표가 첫 번째
대표 대리인으로 온라인에서 임대 사업 광고하는 걸
발견했어요. 둘이 가족 관계더라고요. 그다음 대표는
또 수감자였고요. 사기치고 감방 좀 살면서 또 그렇게
장사하고 살 수 있는 세상이더라고요 여기가. 어차피
얼마 나오지도 않는 형량 살고 그만이니까, 몹쓸 짓이건
불법이건 저질러서 남 등쳐 먹은 돈으로 아무렇지도
않게 사는 건가 봐요. 저는 피해 당하고 다시 한
푼이라도 더 벌려고 하루도 못 쉬고 있는데요.

70대 할머니가 됐을 때
전세사기 또 당하지 않을 수 있을까

주말에 셔틀버스 타고 택배 상하차하고 짬짬이 배달
아르바이트하고 그래요. 저는 중기청 대출이라 회사에서
절대 잘리면 안 되는데, 혹시라도 그런 일 일어날까 더
전전긍긍하게 되네요.

집을 가지기 싫어서 경매 말고 다른 방법을 알아보러 대책위를 찾아갔다가 꾸준히 나가게 됐어요. 계속 나오기 힘든 분들 대신이라는 마음이 들어서. 저보다 대출금이 많은 분들도 있었거든요. 그럼 더 어렵죠. 저는 힘들게만 살아봐서인지는 몰라도 비교적 충격에 강한 편인 거 같기도 하고요. 대책위원장은 제일 자주 나가다 보니 맡게 된 거예요. 하겠다는 사람이 없거든요.❋ 덕분에 다른 피해자들이랑 관계도 생기고 사람 많은 데서 피켓도 들고 서명운동도 같이하면서 마음이 덜 고통스러운 건 있었어요. 더 힘들었던 적도 있고요.

70대 할아버지 한 분을 만난 날, 그분 얼굴은 지금도 기억나요. 그날도 화곡역 근처에서 전세사기를 알리는 활동을 하고 있었는데 우리 쪽으로 오셔서 막 화를 내던 분이었거든요. 칼을 가지고 다니신다고 하셨고요. 무섭다기보단 '대체 무슨 일이길래 이러실까' 싶어서 할아버지 이야기를 한참 듣게 됐는데, 알고 보니 이분도 전세사기 피해자였어요. 할머니랑 단둘이 지내는데 다

❋ 은하 씨는 인터뷰 이후에 또 건강 문제가 생기면서 대책위 활동을 쉬게 되었다.

늙어서 본인은 아무것도 할 수가 없다고 하시더라고요,
집주인이 눈에 보이기만 하면 죽이고 나서 죽으려고
하신다고…, 얼마나 힘든 상황일지 상상도 안
가더라고요. 문득, 할아버지가 내 미래일 수도 있다는
생각이 들었어요. 갑자기 현실이 너무 막막했고요,
내가 70대 할머니가 됐을 때 이 할아버지와 다르지
않을 거라는 게 그냥 느껴져서, 그날 너무 힘들었어요.
'아무리 열심히 살아도 계속 전세사기 피해자인 삶을
벗어나지 못하겠구나' 그런 걸 실감했거든요. 내가 70대
할머니가 됐을 때 또 전세사기 당하지 않으리란 법이,
그런 세상이 여기 없으니까요.

 인생에 볕은 있을 거라는 믿음은 누구나 가지고
살잖아요? 사는 게 아무리 힘들어도 그 믿음으로 지금껏
몸 상하는 것도 모르고 열심히 살아온 건데, 제가 너무
긍정적이었나 봐요. 그런데 아직 작은 희망이나마
가지고 있긴 해요. 우리 문제가 그렇게까지 사회적으로
공감받지 못하는 건 아닌 거 같아서요. 자기 일도 아닌데
마음을 쓰고 도와주고 싶어 하는 분들을 보면서 그런

믿음이 생긴 건지…. 길에서 피켓 들고 서명받고 그러면 정말 많은 사람을 보거든요. 일부러 우리를 피해 가는 사람들도 있지만, 한편으론 굳이 우리 쪽으로 와서 힘내라고 해주시는 시민도 많더라고요. 정부는 전세사기 피해 지원을 놓고 유독 사회적 합의가 필요하다는 말을 부정적으로 계속 사용했지만, 그 말이 다 진짜는 아닐 거예요.

피해를 말할 수 없는 사회에서 말하기로 했다

박혜빈

박혜빈

1992년 서울 종로구에서 태어났다.
맞벌이 부모와 떨어져 대구의 외갓집에서
10살까지 컸다. 이후 아버지 고향인
울진에서부터 부모와 함께 살았다.
대전으로 대학을 진학하면서 혼자 살기
시작했다. 학비는 거의 장학금으로
충당했고, 주거와 생활은 부모님 지원으로
이루어졌다. 탄탄한 직장을 잡으며 경제적
독립을 시작했고, 대출로 '1.5룸' 전셋집을
구했다. 계약 갱신 시기에 보증금 60%
인상을 요구하는 임대인의 무리한
요구에 이사를 결심했다. 전체적으로
전세 보증금이 오르는 시기, 추가 대출을
받아 어렵게 조건에 맞는 신축 빌라를
들어갔다. 그 집에서 전세사기를 당했다.

집에 관한 이야기를 시작하자마자 혜빈 씨는 '가지의 탄생'에 관해 말했다. 먹을 수 있는 식물의 열매가 생겨나 자라는 자연의 모습을 관찰할 수 있는 집. 거기서 보낸 유년의 시간은 그녀에게 따뜻한 기억으로 뿌리내렸다. 맞벌이 부모와 떨어져 자랐어도 주변엔 돌봐주는 어른들이 있었다. 대구 한적한 지역의 조부모 단독주택, 현관만 나서면 바로 땅을 밟고 안전히 놀 수 있는 집은 혜빈 씨에게 쉼 그 자체였다. 내향적인 그녀는 비교적 안정적 주거 환경에서 자라는 동안 스스로 무엇에 관심 있는지, 어떤 환경을 선호하는지 분명히 알았다.

'모로 가도 서울만 가면 된다'고들

하지만 서울엔 그녀가 원하는 생활이 없었다. 대전에서 대학을 졸업하고 직장을 잡았다. 분위기에 휩쓸리지 않고 주도적으로 쌓아가던 대입 이후의 독립적인 생활은 10년에 걸쳐 안정권에 점차 진입하는 듯했다. 몇 번의 월셋집을 거쳐 두 번째 전셋집으로, 원룸에서 1.5룸에서 좀 더 쾌적한 1.5룸으로. 대전은 고즈넉한 맛이 있었다. 산으로 둘러싸인 조용한 동네에서 간혹 들리는 아이들 소리, 주민들이 산책하는 풍경은 일상의 기쁨이었다.

 어느 날 받은 전화 한 통화에 거짓말처럼 일상이 산산조각났다. 임차인을 살뜰히 챙기던 중개인, 그가 속한 부동산,

업계에서 오래된 큰손이라던 임대인, 모든 게 '거짓'이었다. 임대인은 사기 전과자였고, 중개인은 중개 수수료에 웃돈을 얹어 주는 임대인과 전세사기를 공모했으며, 부동산 대표는 이름만 판 바지 임대인이었다. 이 모든 짓은 허술한 관리체계 위에서 쉬이 벌어졌다. 심지어 LH도 혜빈 씨 임대인에게 159억 원을 사기당했다.*

집이 좋아서, 놀이처럼 살림하고 음식을 만들고 쓸고 닦으며 집을 돌보던 생활은

---

* 대전 지역 부동산 법인회사 대표이자 혜빈 씨 임대인이었던 김모 씨는 LH의 '전세임대주택 지원제도'를 악용해 LH로부터 159억 원을 챙긴 혐의로 재판을 받고 있다. 김 씨는 2020년 3월부터 자신 명의의 다가구주택에 대해 LH와 전세 계약을 맺는 과정에서 선순위 보증금을 허위 기재하는 방법으로 LH를 속였다. 재판 과정에서 불법 대출 등 추가 혐의점이 포착됐다. 대전전세사기피해자대책위는 김 씨 관련 전세사기 피해액을 3천억 규모로 추정했다.

끊어졌다. 경매로 넘어가 언제 이사 나가야 할지도 알 수 없는 집. 전세보증금이 고스란히 사기 피해액으로, 혜빈 씨 빚으로 바뀐 후엔 불 나간 화장실을 그 상태로 쓴다. 전기 배선 수리비에 몇십만 원을 날릴 수 없어서다. 대출이자도 계속 나간다. 해가 잘 들어 참 좋았던 집의 그 햇살 때문에 더 우울해질 줄은 미처 몰랐다. 모든 것이 전복됐지만 혜빈 씨는 말했다. 제도는 불완전한 거니까 시대에 뒤쳐질 수 있고, 누군가 피해 볼 수도 있다고.

  법학을 공부하고 관련 직무를 하는 그녀가 제도의 불완전성을 이해 못할 바 아니다. 부족한 전세사기 특별법이라도 제정에 의미가 있다고 생각했다.
그런데 이후 전개된 정부 태도에 울분이
찼다. 약속대로 법을 고쳐나가는 데는
소극적이었고, 제도와 정책적 과오를
피해자 탓으로 돌렸다. 피해자가 비난받는
사회에서 피해자는 피해에 관해 '말할 수
없다.' 그래서 혜빈 씨는 오히려 '말하기로
했다.' 더 이상 성격대로 살 수 없는
현실이라 피해자 활동에도 전에 없이 적극
나섰다. 집회 참여를 위해 좋아하지 않는
서울로 향했고, 목청껏 외치고, 실명으로
인터뷰한다.

집을 중심으로 돌아가던 삶

가지가 길쭉한 모습이 되기 전에 약간 계란 비슷하게 생긴 거 혹시 아세요? 동그랗게 계란처럼 생겼다가 '뽕' 하고 길쭉하게 크거든요. 어릴 때 많이 봤어요. 주로 단독주택에서 컸거든요. 마당에 텃밭 있고 강아지도 있고. 태어난 건 서울 종로구인데 여기저기 옮겨 다니다 대구 외할아버지 댁에서 열 살까지 살았어요. 부모님 두 분 다 일하느라 바쁘셔서 저랑 여동생을 대구로 보내셨거든요. 외할아버지가 작은 교회 목사님이셔서 교회 건물도 따로 있었어요. 교회 안팎을 뛰어다니면서 놀았죠. 외삼촌이 같이 살면서 많이 놀아주고 돌봐줬고, 할아버지 할머니랑 버스 타고 매일 서문시장 다녀오던 기억도 있고요. 아버지 할머니 손에서 자란 기억이 많아서 애정이 커요. 다 돌아가셨지만.

엄마 아빠랑 같이 아빠 고향에서 살게 됐어요. 울진이고, 거기도 마당이랑 옥상이 있는 집이었고요, 바다가 가깝고 잠잠한 동네였어요. 이 집에서 남동생 태어났어요. 인라인스케이트 타다 무릎이 자주 깨진 기억도 나네요. 엄마가 가정주부가 되셨어요. 원래 농협을 직장으로 다니셨거든요. 원래 스튜어디스가 꿈이었대요. 할아버지 반대가 심해서 탈출하듯 집을 떠나 서울로 가서 취직하셨고요. 결혼 후에도 계속 일하셨는데 울진에서부터 전업주부를 하신 거죠. 아버지도 회사원이었는데 울진에서는 주유소를 운영하면서 다른 사업도 이것저것 계속하셨어요.

　저는 튀는 성격이 전혀 아니에요. MBTI로 말하면 I가 97%거든요. 저한텐 집이 정말 중요한 존재죠. 그래서 큰일이 별로 없었나 봐요. 집에 있기를 워낙 좋아했거든요. 어디 가 봐야 엄마랑 서점 가거나, 꽃집, 그릇 가게 구경하는 정도였어요. 유흥을 즐기지 않아서 인간관계도 좁고 깊어요. 누군가를 만나야 존재 가치를 인식하거나 정체성을 발휘하는 편이 아니거든요. 손에

꼽는 친한 친구 몇 명이 있는데, 서로 자주 만나진 않아요. 그렇게 조용히 무던하게 살았어요. 대구에서 거의 10년, 울진에서 10년.

부모님 덕분에 점진적인 홀로서기를 하고

대학 때부터 혼자 살았어요. 울진엔 대학교가 없어서 대전으로 갔거든요. 정치 과목을 좋아했어요. 권력이 어떻게 만들어져 작동하는지, 사회는 어떻게 구성되는지 같은 데 관심이 많았거든요. 전공으로는 법학을 선택해서 2학년 때 물권법을 배우면서 부동산 계약 실습을 했는데… 그래서 스스로를 용납 못했던 거 같아요. 배우고 실습까지 해놓고 사기당했다는 생각에 전세사기 당한 직후에 저 자신을 많이 탓했어요. 경찰도 당하고 변호사도 다 당한다고들 하지만,

    월세로 시작했어요. 개인 공간이 보장되지 않는 공동생활을 못 하거든요. 500에 40? 풀옵션 빌라로

엄마 아빠가 구해주셨고요. 생활비까지 지원해주셔서 저는 알바를 안 해봤지만, 대신 하향 지원으로 대학을 간 거라 학비는 거의 장학금으로 됐어요. 한 번 수석했고, 차석도 했고요. 서울에 있는 대학이요? 관심 없었어요. 사람에 치여 사는 생활을 힘들어해서 서울을 안 좋아했거든요.

열심히 살아서 내 집을 빨리 구해야겠다 일찍 맘먹었어요. 개인 공간이 있다는 게 얼마나 좋은지 혼자 살면서 일찍 알았거든요. 울진 살 때도 방은 있었지만 동생이 둘이라 개인 영역이 별로 없었고요. 여동생은 특히 에너지가 넘치는 스타일이라 같이 있으면 제 기가 많이 빨렸어요.(웃음) 동생은 대학도 서울로 가고, 저는 첫 자췻집도 일부러 상권 없는 조용한 주택가에 잡고, 조용한 데 찾느라 학교까지 거리가 꽤 있다 보니까 친구들이 놀러 올 때마다 왜 이렇게 멀리 떨어져 사냐고 그랬어요.

고구마라테가 아직도 기억나요. 어느 날 할머니가 농사지은 고구마 한 박스를 엄마가 보내주셨길래 이렇게 저렇게 먹다가 라떼까지 만들어 먹었거든요. 처음 했는데 너무 맛있었어요. 살림이 놀이였던 거 같아요. 집에 있길 좋아하니까 밥도 다 해 먹고, 청소도 즐겨서 주기적으로 쓸고 닦고. 제대로 돈 벌고 싶단 생각에 학교 다닐 때 알바 생각은 못한 거예요. 생활비 외에 돈을 거의 안 쓰기도 했고요.

지금 생각하면 부모님이 능히 감당할 만하지 않았을 거 같아요. 부모님 집 살면서 알바하는 친구들도 있었는데, 저는 용돈을 계속 받았으니까요. 동생들한테도 돈이 들어갔을 텐데. 집이 부유한 줄 알고, 철이 없었죠. 코로나 전에는 집 상황이 괜찮기도 했고, 부모님이 가계 상황을 직접적으로 말 안 하시고 필요한 돈을 보내주셨거든요.

저도 나름 최선을 다했죠. 독학으로 JLPT 2급 따놓고, 시험 치고, 면접 봐서 일본으로 교류유학(교환학생)도 갔거든요. 장학금으로요. 나고야에 있는 난잔대학교였는데, 기숙사가 정말 예뻤어요. 주변에 공원 있고 한적하고. 나고야는 오사카랑 도쿄 중간에 있는 지역인데 대전이랑 되게 비슷해서 조용하고 아무것도 없더라고요. 저한테 좋은 곳이었어요. 계절학기까지 1년반 정도를 나고야에서 지내다 돌아와서 대전에서 마지막 학기를 마쳤네요. 학교랑 떨어진 곳에 1.5룸 월세를 다시 구했는데 졸업하고 얼마 안 있다 취업해서 짧게 살았고요.

회사 셔틀버스 루트에 맞춰서 집을 구했어요. 셔틀 아니면 출퇴근이 어려운 직장이었거든요. 국책연구기관 법무팀에 취직했는데, 정문에서 사무실까지 도보 30분이었어요. 원룸 오피스텔 반전세로 구했고, 2천에 15만 원 정도였던 거 같아요. 재정 독립을 하면서 월세 지출을 확 줄였죠. 취직한 후로는 모아서 큰돈 될 때마다 부모님한테 드렸고요. 보증금 정도는 돌려드려야 정말 독립한 거라고 생각했거든요. 부모님 덕에 홀로서기를 점진적으로 했으니까. 주거비를 줄이려고 본격적으로 전세를 고려해서 이 집에서도 오래 살진 않았어요.

월세 내는 게 되게 바보 같단 생각이 들더라고요. 일본도 그렇고 외국에선 대부분 월세 살지만, 한국은 전세제도란 게 있으니까, 대학생 때부터 쭉 아까웠어요.
국가에서 청년들한테 전세 대출 지원도 많이
해주잖아요. 주변에 집 구한 친구도 전세가 많고, 저도
돈은 계속 벌 거니까 대출해서 전세 갈 결심을 했죠.

중개인의 정성이 고마웠던 집

첫 전셋집은 빌라 3층에 있는 1.5룸이었어요. 보증금
5천 중에 3천은 일반 신용 대출했어요. 저는 중기청
대출 대상이 아니었거든요. 회사랑 더 가깝고 교회랑도
멀지 않은 위치에서 역시나 조용한 집, 그리고 내부가
비교적 깔끔한 집 찾았어요. 대단한 인테리어를 말하는
건 아니고요. 그냥 우리 또래가 일반적으로 생각하는
깔끔함 있잖아요. 몰딩이 느닷없이 체리 색이거나
노란색 장판, 이상한 아트월 같은 거 없는 집. 대전에
저렴한 방은 그런 인테리어가 많아서 다 피했고,
풀옵션을 포기하더라도 벽지나 가구나 그냥 흰색이기만

한 집을 찾았어요. 집 찾는 게 까다롭진 않았고요. 그때는 이미 차로 출퇴근을 했는데, 대전 빌라는 거의 필로티 건물이라 주차장 찾기도 어렵지 않았거든요. 전세보증보험 가입하고 무난히 첫 전셋집 들어갔어요. 집을 나올 땐 그렇지 않았지만.

갑자기 8천으로 전세금을 올려달라고 했거든요. 2021년이라 전세대란으로 대전도 보증금이 오르고 있었지만, 그 정도까지 내고 살 집은 전혀 아니었어요. 협의하려고 했는데, 집주인이 8천에 전세 아니면 월세라고 딱 잘랐고요. 저도 더 이상 미련이 없어졌어요. 방 뺄 때도 집주인이 어찌나 이상하게 굴던지. 청소비랑 수리비를 요구했어요. 키우지도 않은 고양이가 집에 흠집을 냈다고 하질 않나, 원래 있던 벽지 얼룩이 저 때문이라고 하질 않나. 어이없고, 안 좋은 경험이었죠. 저는 결벽이라고 할 정도로 자주 청소하고 물건도 깨끗하게 쓰는 편인데.

그다음 집이 지금 집이에요. 같은 1.5룸이지만 신축인 데다 방 크기도 더 커졌고, 조용하고, 해가 참 잘 들어요. 그게 정말 좋았는데, 해가 잘 들어오는 게 지금은 더 우울하게 느껴지네요. 아무튼… 이 집 구할 때 대출도 9천만 원을 새로 했어요. 이미 1억 미만으로는 원하는 집을 구할 수 없었고, 저는 계약 만료 전에 이사해버렸거든요. 일을 미리 마쳐야 마음 놓이는 성격이라. 집 볼 때도 3개월까지 여유 두고 봤고, 대출이자를 한 번 더 내더라도 얼른 결정해놓고 싶었어요.

집 보고 계약하는 과정에서 우여곡절은 꽤 있었어요. 최대한 예산 안에서 집을 보다가 눈에 띄는 집을 발견했는데, 특정 부동산에서만 취급하고 있더라고요. 보통은 집 내놓을 때 여러 부동산에 내놓잖아요? 유독 괜찮은 집이길래 '집주인이 잘 아는 중개사랑만 거래하는 사람인가?' 생각했었어요. 그 부동산에 연락해서 집 실물을 보고 계약은 포기했고요. 공사판이었거든요. 온라인에 올린 사진은 같은 동네 다른 빌라 매물이었고요. 건물 외부 내부, 구조와 인테리어까지 동일한. 그런 상태에서 계약할 순 없고, 집

보기 시작한 지 얼마 안 됐을 때니까 다른 집을 열심히 찾았어요. 한 달간 계속 집을 보고 있는데, 먼저 집을 보여준 부동산에서 연락이 왔어요. 제 이사 계획이 언제인지 기억하고는 집을 구했는지 물어보더라고요. 계속 보는 중이라고 했더니 제 걱정을 하면서 공사 중이던 집이 거의 완공됐다고 이것저것 안내해줬고요. 등기는 언제 완료되고 은행 근저당은 얼마까지 잡혔고 등등. 그게 정말 고마웠어요. 벌써 한 달 전 손님인데, 상세 정보를 알려주면서 다시 집 보여준다고 하는 게, 별거 아니라고 생각할 수도 있지만 남 이삿날까지 신경 써서 챙기니까 믿을 만하다는 생각이 들었어요. 제가 챙길 내용까지 미리 챙기고. 그런 부동산중개인은 본 적 없었거든요. 그래서 신뢰가 갔나 봐요. 후보에 있는 다른 집을 두고, 중개사 권유대로 먼저 번 집을 다시 보고 결정하기로 했어요.

보니까 더 맘에 들었어요. 이제는 처음 봤던 사진대로 잘해놨더라고요. 주변에 공터가 많고 골목이 넓어서 주차 조건도 쾌적했고요. 주택가라 조용하고,

인테리어까지 최상이고, 이상한 무늬 없는 그냥 벽지에,
바닥도 타일이었거든요. 신축이니까 당연히 깨끗하고
해도 잘 들고, 그건 임대인 경험이 안 좋았던지라 하자는
없는지 미리 꼼꼼히 확인했는데 나쁜 게 없었어요.
그런데도 고민이 됐고요.

 근저당 비율 때문에 보증보험 가입 안 되는
조건이었거든요. 다른 집들도 비슷한 조건이긴 했고요.
당시에 같은 이유로 대전에서 1인 주택 상당수는
보증보험 가입 안 됐거든요. 대부분 다가구 건물인데
집주인이 단독이니까 지을 때 대출을 최대치로
당겨받잖아요? 중개사도 그런 상황을 워낙 잘 아니까
건물주 재력을 계속 어필했어요. 집주인이 업계에서
유명하다면서 어차피 보증금 문제는 없을 거라고요.
은행 대출은 바로 갚을 거라 근저당권은 없어질
거라고도 했고요. 그러니 경매 넘어갈 일도 없다고.
굉장히 잘 아는 관계처럼 속속들이 설명하더라고요.
나는 대전 토박이도 아니고, 중개사 말을 신뢰했죠.
그러려고 공인중개사 통하는 거잖아요? 국가 자격증

받고 거짓말할 거란 생각은 아예 못 했어요. 고민 고민하다가 결국 계약한 거죠.

대리 서명 제안은
거절했다

부동산에서 계약서 서명을 대신해주겠다고 하더라고요? 바쁘실 텐데 멀리서까지 굳이 부동산으로 안 와도 된다면서요. 인터넷으로 찾은 매물이라 아무래도 근거지에서 부동산 사무실까지 거리가 꽤 있었거든요. 퇴근하고 가는데 고속도로 타고도 한 30분 걸렸으니까. 그래도 당연히 직접 계약하러 갔죠. 아무리 중개사가 믿음직해도 그렇게 계약하는 건 아니니까요. 그런데 정작 임대인이 계약 날 안 왔어요. 황당했죠. 사업 때문에 당일 갑자기 일이 생겨서 타 지역으로 갔다는데, 제가 문제를 제기하니까 중개인이 막 해명을 했어요. 임대인이 얼마나 바쁜 사람인지 이야기하면서 대전에만 집이 300채 있고, 주택 개발 사업에 탁월해서 계속 건물을 지을 계획이라고 하더라고요. 걱정 안 해도 되는 임대인이라고 어찌나 중개인이 자신 있게 말하던지, 사기 수법이란 생각은 전혀 못 했고 정말 임대인이 엄청난 사람인 줄만 알았어요.

'나 같은 1억 1천짜리 잔잔바리는 돈도 아닌가 보다' '잔잔바리 계약 하나하나 신경 안 쓰나 보다' 했죠. 집을 몇백 채 가지려면 얼마나 대단한 부자인지 짐작도 안 갔거든요. 그게 다 모래성인 줄도 모르고, 위임장 받아서 계약하는 게 불법도 아니니까 계약했어요. 제가 선순위 임차인인지 확인도 했고요. 혹시라도 문제 생기면 그게 중요하잖아요. 그런데 등기부등본에 나오는 정보도 아니고, 부동산에 물어볼 수밖에요. 제가 첫 계약자라고 해서 안심했는데, 나중에 보니 사실이 아니었어요.

박혜빈

밝은 미래를 계획했었다

계약하고 거의 바로 이사하고, 좋았어요. 뿌듯함이 있었거든요. 혼자 살기로 벌써 다섯 번째인데 점점 환경이 나아진 게, 부모님 도움도 있었지만 제가 발전시킨 것도 있으니까요. 9천만 원이란 큰 빚은 생겼지만 갚아야 할 학자금 대출도 없고, 목돈을 모은다고 생각했어요. 대출을 갚으면 내 목돈이 되는 게 맞잖아요. 저는 중도상환해약금도 없는 상품이어서 중간중간 계속 대출금을 갚을 계획도 세웠어요. 이 집을 나갈 때쯤 1억 넘는 자금이 생기는 거니까, 결혼할 때 쓰면 되겠다는 계산이 되더라고요. 제가 좀 파워J거든요. 속으로 스스로 똑똑하다고 여겼어요. 뭔가 괜찮은 미래가 예측되니까 집을 제대로 꾸미고 살고 싶더라고요. 그전까지는 어쩐지 '내 집이 아니다' 하고 살았는데, 쓴 돈이 많아서 애정이 더 생긴 것도 있어요. 여러 집을 거치면서 원하는 걸 더 알게 된 것도 있고요. 간이 행거만 쓰다가 이번엔 돈 좀 들여서 한샘 옷장도

사 넣고, 조명 나오는 새 침대에 매트리스도 직접 골라 넣었어요. 넓은 집은 아니지만 깔끔하고 예쁘게 살고 싶었거든요. 저는 해 먹는 사람이니까 그릇 세트랑 커피 핸드드립 도구, 토스터기 같은 자잘한 살림 물건도 마련했어요. 뭔가 새출발 같았나 봐요. 다 물거품이 될 줄도 모르고….

  전화 한 통을 받았어요. 2023년 10월 5일, 날짜도 생각나요. 작정하고 빡세게 운동할 때였거든요. 남자 친구도 있고, 결혼 생각도 있을 때라 미리미리 다이어트한다고. 그날도 운동하다가 전화를 받았는데 "안녕하세요 저 ○○빌라 몇 ○○호인데요"라고 하더니 다짜고짜 "우리 전세사기 당한 거 같아요"라고 하더라고요. 보이스피싱인 줄 알았어요. 근데 듣다 보니 점점 아닌 걸 알겠더라고요. 집주인은 이미 연락이 안 닿는 상태에, 보증금을 못 받으셨다고 하고, 다른 세입자들도 모여 있다고 했어요. 저도 씻지도 않고 바로 달려 갔죠.

  벌써 수소문해서 대전 전세사기 오픈채팅방을

알고, 다른 주민들을 모으셨더라고요. 다가구 건물이라 집주인이 같거든요. 저도 투룸으로 집을 업그레이드하려고 집주인한테 갱신은 안 한다는 문자를 넣어 놓은 후였는데, 답장 못 받은 상태였어요. 그래도 별 의심 안 했고요. 늘 그랬듯 때가 되면 처리될 거라고 생각했거든요. 그날 우리 빌라 사람들도 피해자 채팅방에 들어갔더니 이미 70명이 있고, 다 우리 집주인 세입자였어요. 그 많은 사람이 다들 그때까지도 전세사기라고 확신은 못 했고요. 수상은 하지만 역전세도 있던 때니까, 집주인 사정이 잠깐 빠그러져서 작은 문제가 생긴 걸 수도 있다, 이런 정도 대화가 오갔어요. 다들 집주인이 대단한 재력가라고 거의 세뇌를 당한 상태였던 거죠. 그런데 채팅방 인원수가 말도 안 되게 빠르게 늘었어요. 70명이던 피해자가 700명을 넘고 800명을 넘고. 전세사기가 확실해졌죠.

  나중에 드러난 걸 보니까 제 중개인 포함 8명의 중개인이 전세사기 패거리였어요. 집주인이 웃돈 주면서 자기 건물을 중개시켰더라고요. 부동산 대표는

70대 노인 바지사장이라 이름만 둔 거고, 그 믿음직한 중개인은 웃돈 받으려고 계약 한 건 한 건마다 그렇게 공들인 거였어요. 그런 줄도 모르고 좋은 집 중개해줘서 고맙다고 나는 커피 이모티콘까지 보내고… 저 말고도 기프티콘 보낸 피해자가 꽤 여럿이에요. 집주인이 얼마나 부잔지 늘어놓은 것까지 무슨 대본처럼 다 똑같았어요. 사기치고 받는 돈 생각하면 중개사란 놈은 내 커피 선물이 얼마나 하찮았을까 싶죠.

거짓말이 모두 허용된 시스템

부동산, 중개사, 집주인 할 것 없이 모든 게 완전히 거짓말이었던 거예요. 얼굴도 못 본 내 집주인이 제가 계약한 부동산 건물에 사무실을 두고 있었더라고요. 이미 전과자였고요. 계약 날 부동산 건물 앞에 외제차가 몇 대씩이나 있었거든요? 롤스로이스, 포르쉐, '막 이런 최고급 브랜드들이라 희한하다 여겼는데 그 외제

차들이 다 그 사기꾼 거더라고요. 피해자들이 직접 발로 뛰어서 이런 정보까지 다 알아낸 거예요. 조직도까지 그려가면서 파악했거든요. 전과까지 있었던 사람이 활개치고 돌아다니면서 개발 사업이랍시고 계속 사기칠 수 있는 나라가 대한민국이더라고요.

임대인은 지금은 재판 중이에요. 특정경제범죄가중처벌등에 관한 법률 위반이랑 사기 혐의로 3차 공판까지 갔고, 병합된 사건도 있어요. 고소 측이 LH라 재판이 그 정도나 진행됐지, 개별 피해자 사건은 아직이에요. LH에서만 159억 편취했거든요. 우리 빌라에도 LH청년전세임대로 살다가 나간 청년이 있으니까 우리 빌라에서도 LH가 사기당한 거예요. 그놈이 대전에서 사기 친 금액만 지금까지 3천억인데, 다른 지역에도 피해자가 더 있어요.

현실이 너무 비현실적이니까 처음엔 믿기질 않았어요. 뭐랄까, 전세사기 알자마자였던 10~11월은 인생이라는 게 없었던 느낌이에요. 계속 우울하고 침몰하는 것 같았거든요. 입으로 들어가는 음식조차 사치로 느껴져서 밥을 못 먹으니까 출근해서도 굶고, 잠도 안 자고, 울기만 하고. 한두 달 만에 7kg가 빠지더라고요. 갑상선 기능 저하증이 왔어요.

또래에서 나름 안정감 있게 직장 잡고 돈도 모으고 있었는데… 그 노력이 한순간 날아가서 다 빚이 돼버린 거예요. 결혼 계획부터 해서 모은 돈, 갚은 빚이라는 게 아무 의미 없어지니까, 어떻게 하면 앞으로 내가 괜찮을지 잘 모르겠더라고요. 이 시스템에서는 특별히 잘못하지 않아도 뭐든 없어져버릴 수 있다는 거니까요. 그럼 왜 열심히 살아야 하죠? 저는 죽음을 생각해본 적은 없지만 목숨 끊으신 피해자들이 어떤 마음이었을지는 이해가 가요.

한 달 이상 그렇게 가라앉다가 어느 날 '너무 억울하다' 싶더라고요. 사기꾼 놈은 내 돈 은닉하고 감방에서 몇 년 살고 나오면 앞으로도 호의호식하면서 잘 먹고 잘살 거잖아요. 이렇게 무너지면 나는 사기꾼한테 보증금으로 모자라서 모든 걸 다 잃는 거고. 그럴 순 없다는 생각에 전세사기 피해자 심리상담센터로 연락했어요. 도저히 혼자서는 기운을 차릴 수 없었거든요. 회사랑 멀지 않은 정신과 추천받아서 점심시간에도 가고, 오후 반차 쓰고 가고, 일주일에 최소한 번씩 꾸준히 다닌 지 세 달째예요. 약도 먹고 상담도 받고. 처음 갈 땐 아예 잠을 못 자는 상태였어요. 그래서 종일 피곤하고 긴장도가 높았다는데 그것도 모르고 지냈더라고요. 이제 그 정도는 아닌데 우울증 검사를 하면 아직 경계 수준이래요.

가족한테는 말 안 했죠. 가족 문제는 아니니까요. 제 일이고, 사회적인 문제인 걸 다른 누구의 도움으로 해결하고 싶지 않아요. 부모님 걱정시키기 싫고요. 학생 때 철없이 살았으니까 스스로 더 엄격해야죠. 가까운 지인 몇 분은 알지만, 사실 이 문제를 이야기해봐야 더 힘들어지더라고요. 어떤 사람은 알지도 못하면서 "으휴 좀 더 알아보지"라고 입에서 나오는 대로 말하고, 전세사기를 무슨 젊은 날 겪을 법한 고생 정도로 여기는 분들도 있어요. 저한테 직장 튼튼하니까 '너는 괜찮다' 하는 분도 있었거든요. 그런데 고생과 범죄는 엄연히 다른 문제죠. 괜찮고 말고는 제가 판단할 상태고요.
전세사기 피해를 당할 수밖에 없는 사회적 맥락을
납득시키는 건 힘이 너무 많이 들어요. 거기 정부가
일조했고요.

사기꾼은 수백수천억을 남기고,
피해자는 신용불량자로 남는 사회

집이 경매 넘어간 후로는 집 정리를 안 하고 살고
있어요. 낙찰자 나오면 빼줘야 하거든요. 경매라도
안 넘어갔으면 좀 돌볼 텐데, 정이 떨어졌어요, 집에.
원래는 안 그랬죠. 거의 2년 살면서 집에 있는 모든
시간이 참 좋았거든요. 이 집은 산으로 둘러쌓여서
그동안 살았던 다른 어떤 동네보다 정말 조용하고
한적해요. 큰 도로랑 떨어져 있어서 자동차 소음도
없고요. 하지만 가끔 멀리서 어린이집 애들이 밖에서
활동하는 소리 들리는 건 참 좋았어요. 강아지

산책시키는 동네 주민들 모습 보는 것도 좋았고요, 주말마다 집에서 새로운 요리도 해 먹고, 베이킹도 하고 그랬는데….

성격상 이삿짐을 어느 정도 싸놨었는데, 다시 풀고 대충 지내요. 한 푼도 못 받은 상태로 이사해버리면 이중 삼중으로 돈이 드니까요. 화장실 불도 나간 상태로 쓰고 있어요. 등만 갈면 되는 게 아니라 전기 시스템 문제라 수리비가 50만 원은 든대요. 그 돈 저 못 내요. 어둠 속에서 그냥 쓰고 말죠. 경매 배당 신청*할 때 일부라도 건질 돈이 있을까 희망을 걸었는데

✽ 전세사기를 당한 집이 경매로 넘어간 경우, 법원에서는 집주인과 관련된 채권자들에게 정해진 기한에 '배당요구신청'을 하라는 통지서를 보낸다. 경매 절차에서 낙찰 대금에서 받을 돈을 것을 요구하는 신청서다. 은행의 선순위 근저당권 비율이 높고, 경매 낙찰 금액이 낮을수록, 후순위 채권자가 배당 요구한 금액을 회수할 확률이 떨어진다. 은행의 선순위 근저당권에 앞서 소액 임차인에게 일부 금액을 돌려주는 최우선변제제도가 있다. 지역별로 소액임차인 기준이 다르다. 근저당보다 선순위여야 최우선변제금을 보장받을 수 있는 조건이 전세사기 사태를 통해 비현실적이라는 지적을 받았다. 이재명 정부가 궐위로 인한 선거로 임기를 시작하면서 사실상 대통령직인수위원회 성격으로 출범한 국정기획외원회가 소액임차인에 대한 우선 변제기준을 변경해 전세사기 피해자를 추가 구제하는 내용을 포함한 '전세사기 피해지원대책'을 신속 추진과제로 반영해 줄 것을 대통령실에 제안했다.

이제 거의 포기했어요. 전세사기 주택에 경매꾼들이 총출동했거든요. 가격을 떨어뜨릴 수 있을 때까지 떨어뜨리려고 서로 눈치 싸움 한대요. 결국 은행도 채권 회수 다 못 할 수 있대요.

 가능한 긍정적으로 생각하려고는 해요. 건물 유지 보수 문제로 진짜 위험한 상황인 피해자분들에 비하면 제 문제는 아무것도 아니거든요. 대전에 다른 피해자분은 보일러 켰다가 바닥 타일이 다 깨졌는데 그대로 살고 있고, 누수까진 아니어도 벽에 습기가 차서 벽지랑 바닥이 들떠버린 집도 있어요. 겉만 멀쩡하고 속은 날림 공사를 했는지. 그런 집들은 애초에 계획적이었을 거예요. 피해자 대부분 20~30대인데, 그 사람들 눈에 드는 스타일로 깔끔하게 지어 놓고, 속은 불량으로 채우고. 한바탕 크게 챙겨서 튀려고 했는지.

 이 지경에도 누군가는 계속 이익을 보고 있겠죠? 공기업에도 사기 쳐먹기 만만한 전세제도에서 누군가는 분명 이익을 보니까 그렇게 허술한 상태로 계속 운영 중이었을 거예요. 제도는 불완전한 거니까 누군가 피해 볼 수도 있고 시대에 뒤처질 수 있다고 생각해요. 특별법도 만든 것 자체는 잘했다고 생각하죠. 부족한 게 많고 한시법이긴 해도 의미는 있으니까. 구멍은 약속대로 보완하면 되는데 약속을 안 지키는 게 유감인 거예요. 문제를 제대로 고치려는 의지도 없는 것 같고요. 얼마 전에도 경희대 인근에서만 피해자가 50명 넘게 나오고,✱ 계속 사건은 터져요. 그런데 정부 여당은 왜 손볼 의지를 보이지 않을까요? 울화통 터져요. 수익을 보는 쪽과 이해관계가 있거나 관심이 없거나, 둘 중 하나라는 의심이 들죠.

  사기로 몇백억 부자가 될 수 있는 나라에서 우리는 왜 하루하루 열심히 사느냐고 피해자끼리 우스갯소리를 해요. 실은 전혀 웃기지 않죠. 사기꾼 잘못으로 생긴 빚을 나보고, 피해자보고 갚으라는 게. 남의 돈으로 돌려막듯이 수백 채 집을 사고, 사기로 수천억씩 벌고

✱ 한국외국어대학교, 경희대학교 등이 있는 서울 동대문구 대학가 일대에서 총 114억 원 규모의 전세사기를 벌인 혐의가 있는 50대 남성이 구속돼 검찰에 넘겨졌다. 피해자 대부분이 한국외대·경희대 재학생으로 알려졌다.

튀었던 놈들은 몇 년 살고 나오면 끝이래요. 사법제도도 이상하고, 이 정부가 전세사기 사태를 대하는 관점도 납득 안 가요. 피해자들을 가르고 순위 따지면서 줄 세우게 시키는 분위기는 너무 스트레스죠. 우리가 무슨 무리한 요구를 하는 식으로 몰아세우는 데는 열받고요. 그럴수록 피해자들은 입을 더 열 수 없게 되거든요. 제도가 미비해서 벌어진 일에 왜 피해자가 욕먹어야 하나요? 국가 책임이 가장 큰데.

태어나서 앞에 나서는 게 처음이에요. 대전에서 피해자 활동을 적극적으로 하는 편이거든요. 정치나 사회에 관심 있다고 했지만 직접 활동하는 데 소극적이라 늘 뒤에서 지켜보기만 했어요. 어디 나서지 않는 성격에, 당적도 없었고요. 피해자가 되고 알았어요. 계속 구경만 하면 문제들은 해결되지 않고 그냥 조용해질 거예요. 집회 처음 나갈 땐 몸에서 막 땀이 나고 식은땀이 흐르더라고요. 집회 장소에 서 있는 것조차 어색해서 혼났어요. 서울 자주 올라가고 여기저기 집회 쫓아다니느라 이동비도 많이 들었죠.

그래도 이왕 당사자가 됐으니 현장성을 갖고 사회에서 목소리를 내볼 기회라는 생각도 들더라고요. 그래서 참여할 수 있는 집회는 다 가서 목청껏 구호도 외치고 그래요. 하다 보니 뻔뻔해지더라고요. 뉴스든 시사 프로그램이든 알릴 수 있으면 인터뷰도 하고, 오늘도 실명으로 이야기하고 있고, 여전히 여러 경험과 감정을 동시에 통과하는 중이에요. 그 과정에서 피해자끼리 서로 힘이 많이 됐고 시민단체도 고마웠어요. 피해자를 향한 시선이 곱기만 한 건 아니지만 지지해주고 보듬어주는 분들도 있고요. 혹시 아직도 혼자 힘들어하는 피해자분이 있다면 꼭 말해주고 싶어요. 돈보다 그분 자신이 더 소중한 사람이라고. 제발 자책하지 말라고요.

로프를 타는 순간이 편할 때도 있어요

정창식

정창식

1982년 충남 부여의 외갓집에서 태어난 후 대전으로 와서 쭉 자랐다. 미취학 시절부터 어머니가 시작한 분식 가게에 딸린 집에서 살았다. IMF 이후 가게 근처 공단이 빠지며 장사 운영이 어려워지자 집안 경제가 흔들렸다. 결국 어머니의 분식 가게를 접으면서 집도 반지하로 이사했다. 군대에서 제대할 때는 부모님이 매매하신 오래된 단독주택으로 들어갔다. 이 집에서 결혼하기 전까지 10여 년을 살았다. 주인 세대 매물을 기다려 신혼 전셋집을 구했고, 모은 돈으로 대출 없이 보증금을 치렀다. '임대차 3법' 발표되자 계획에 없던 이사 문제가 생겼다. 전세 보증금 가격이 폭등하는 '전세대란' 속에서 어렵게 집을 구할 때 계약 갱신은 애초 하지 않기로 합의했다. 주택 청약에 당첨돼 1차 중도금까지 치른 상황에서 전세사기를 인지했다. 경매로 넘어간 집은 예상보다 더 빨리 새 주인을 찾았고, 퇴거 압박 속에서 겨우 아파트 전세를 구했다. 보증금을 대출 80%로 마련했다.

15층 건물 옥상에 들어서면 땅부터 살핀다. 40미터 허공에서 보는 땅이 딛고 서 있을 때와 다른 상상을 불러일으키기 전에 할 일에 집중한다. 로프 내릴 위치를 확인하면 옥상에 고정해야 한다. 전용 고리가 없는 옥상이라면 하중을 충분히 견딜 만한 물체에 로프를 대신 묶어야 한다. 그다음에 로프가 땅까지 닿는 걸 확인하면 된다. 언제나 로프 내리기 알맞은 건물만 오르는 것은 아니기에, 경험이 중요하다. 이런저런 변수를 극복하며 무사고로 일한 지 어느덧 5년 차, 정창식 씨는 건물 창틀 보수를 주로 하는 로프공이다.

원래는 전자 IT 업계에서 서른쯤 직장 생활을 시작했다. 게임 그래픽을 전공하고

1년간 준비한 취업에 성공했는데,
급선회했다. 서울에 있는 게임 회사의
낮은 초봉은 대전 토박이인 그에게 높은
장벽이었다. 가게 딸린 집과 반지하 집에서
자라며 생활은 노력만으로 피는 게 아님을
꾸준히 체득한 그였다. 같은 처우를
보장해주는 대전의 중소기업에서 사회
경력을 시작하자(좋아하는 일을 포기하자),
오히려 일의 목표도 뚜렷해졌다. 돈을
모으고, 결혼을 하고, 집도 마련하는 것.
그래서 창식 씨는 첫 월급부터 (교통비 포함)
'월 15만 원' 외 소비를 원천 차단했다.
마흔쯤 원하던 가정을 꾸릴 밑천이 마련돼
있었다.

　신혼집 운이 좋았다. 품질 좋은 '집주인

세대' 매물을 신중하게 기다린 보람이
있었다. 죽은 공간 하나 없는 복층에만
방이 둘, 쓸 만한 테라스까지 딸린 집은
아이 낳을 것까지 고려해도 충분했다.
집주인은 '쿨'하기까지 해서, 4년까지는
살고 싶다며 전세권 설정을 요청하는
신혼부부 세입자를 '노여워하지' 않고 더
오래오래 살라고 안심시켰다.

그 집에서 창식 씨는 로프공으로
전업했다. 첫 아이를 얻었을 때, 만나고
보니 표현할 말을 찾기 힘든 행복 그
자체인 생명이 쑥쑥 크는 모습에 결단이
내려졌다. '목숨 수당'의 대가는 이름만큼
무거웠지만, 첫 아이 세 살 될 무렵엔
이미 그 무게에 적응해 있었다. 로프를

타고 내려오는 두려움을 한편에 두고서
나름의 여유도 찾을 줄 아는 숙련공이 되어
갔다. 여유 부릴 새 없이 투잡을 시작했다.
아내 뱃속에서 자라는 둘째를 만날 날도
다가오고 있었다.

"세입자라서 슬픈" 상황에 갑자기
닥친 건 임대인의 탓도, 다른 누구의 탓도
아니었다. '임대차 3법' 발표 직후 상당수
임대인이 임차인의 계약 갱신을 거절했다.
본인이나 직계존비속이 실거주할 경우엔
임대인이 임차인의 계약갱신청구권을
거절할 수 있다는 '법의 구멍'이 임차인을
대거 전세시장으로 토해냈다. 창식 씨
식구도 그 '전세대란'에 토해진 가구들
중 하나였다. 매물이 귀해 하루가 달리

가격이 뛰는 전세시장에서 '두더지 게임'을 하듯 전셋집을 잡고 놓치고 찾고 놓치느라 "세입자는 집을 고를 수 없었다." 신중할수록 보증금 부담이 늘어나는 시장 상황에 산달을 앞둔 부부가 완전히 안전하게 들어갈 집을 찾기란 거의 불가능이었다. 급등한 시세에 대출은 필수였다. 버팀목 대출*을 끌어와 들어간 다가구 집에 HUG 전세보증보험까지 나오진 않았다. 집은 1년 넘도록 테라스 방수 공사를 마치지 않아 여기저기 문제였지만, 염원하던 청약이 당첨된 건 그 중 다행이었다. 드디어 "20년간 부은 청약

✿ 버팀목 전세자금 대출은 근로자 및 서민 주거 안정을 위한 전세자금 대출 상품으로 주택도시기금이 재원이다.

적금이 빛을 발하는 순간"이 온 것이었다. 계약금을 치르고, 1차 중도금을 내고, 그런데 임대인이 깜깜무소식이었다. 계약 종료일이 오자, 가장 먼저 일격을 가한 것은 '믿었던 버팀목'이었다. 자산 2천만 원이 늘어난 서민에게, 2억여 보증금이 사라질 위험 따위는 더 이상 봐줄 만한 사정으로 허용되지 않았다. 정부와 은행은 즉시 '일시 상환'이라는 칼을 무섭게 빼 들었고, 위험에 빠진 4인 가족의 재정 상황은 더 궁지로 몰렸다. 집은 경매로 넘어가 급속도로 낙찰되더니 새 건물주가 전세 임차인들 이삿날을 일괄 통보했다.

창식 씨는 퇴거와 자금의 이중 압박 속에서도 무리해 아파트 전셋집을 구했다.

그 보증금은 이제 80%가 대출이고, 사적인 빚도 생겼다. 그가 일궜던 네 식구의 '순도 100' 기반은 전세제도 속에서 5분의 1로 줄아들었다.

유년 시절의 자랑이었던 엄마의 분식 '집'

대전 토박이에요. 오지 시골에 있는 과수원에 세 들어 산 적도 있는데, 그땐 집 안에 돼지나 소 우리, 닭장 같은 게 있던 게 생각나네요. 집에 대한 기억이 뚜렷한 건 어머니가 도마동에서 분식집을 했던 때부터예요. 다섯 살인가 여섯 살 때 어머니가 가게를 여시고 오랫동안 하셨거든요. 거기 집이 딸려 있었고요. 상가 건물에 있는 분식집 문을 열고 들어가면 테이블이 몇 개 있고, 방으로 들어가는 미닫이문이 있는 거죠. 방 안쪽으로 안방이 또 있었을 거예요.

장사가 제법 잘 됐어요. 근처에 큰 공단이 두 개나 있었거든요. 우리 가게가 특이하게 햄버거도 팔았고요, 아이스크림까지 들이면서 학교 친구들한테 인기가 많았죠. 형이랑 제가 친구들한테 아이스크림을 막

퍼주다 몇 번 혼난 기억이 있어요. 아이스크림은 결국 뺐던 거 같아요. 팔리는 것보다 공짜로 나가는 게 많았을 거예요. 회사 택시를 모시던 아버지도 개인택시를 하시면서부터는 부모님 벌이가 다 좋아지셨어요. 그런데 IMF가 터진 거죠. 공단이 빠지면서 분식집 운영이 어려워졌어요. 아버지도 마찬가지로 수입이 거의 안 되셨는지 개인택시를 처분하고 버스 회사 직원으로 들어가셨어요. 결국 어머니도 분식집을 접으셨죠. 거의 10년 하신 가게인데, 음식점 같은 데로 일을 나가신 걸로 기억해요.

영화 「기생충」 속 반지하가 이사한 우리 반지하 집이랑 너무 똑같더라고요. 특히나 화장실 구조가요. 물도 잘 안 내려가거니와 벌레가 진짜 끝없이 나왔어요. 엄지손가락만 한 바퀴벌레에 곱등이 같은 것들. 정말 질색이었죠. 비 많이 오면 발목까지 집에 물이 차고요. 근데 집이 어렵다고 위축되진 않았던 거 같아요. 좋은 부모님이었던 거죠. 심적으로 힘드셨을 텐데…, 그 시기쯤 어머니가 술을 좀 드셨거든요. 원래 한 잔도 못

드시던 분인데, 저도 아이 키우면서 그때를 떠올리니 여러 감정이 드네요.

 반지하 집에서 군대를 갔는데 제대할 때 다행히 부모님이 집을 취득한 상태였어요. 70~80년대 많이 지어진 빨간 벽돌 주택 있잖아요? 그걸 사셨어요. 가계 사정이 확 핀 건 모르겠고, 지인들이 싼 매물을 알려줘서 앞뒤 안 보고 사셨을 거예요. 결혼할 때까지 그 집에 산 거예요. 축대 위에 있어서 전망이 참 좋았어요. 작았고요. 옥탑방이 있어서 거긴 세를 받고, 우리 네 식구는 방 두 개짜리 1층에 살았거든요. 마당이라고 하긴 좀 뭐해도 집 앞에 두 평 정도 되는 공간에 수도 있어서 거기서 빨래할 수 있고, 감나무도 있었어요. 옛날 주택들은 그렇게들 감나무를 심어 놨잖아요. 너무 커서 결국 벴어요. 해를 가리고 여름에 벌레가 많이 나와서.

 방을 혼자 써 본 게 3년 정도? 작은방을 형이랑 같이 쓰다가 형이 결혼했거든요. 잘 때마다 불 끄라고 시키는 사람 없고, 좋은 점이 많더라고요. (웃음) 좋아하는 영화 밤새도록 보고. 진짜 많이 봤어요. 종일 8편 넘게 본

날도 있고, 극장에서는 볼 수 없는 것들까지 샅샅이 뒤져서 보고, 그러고 보니 그 집에 오래도 살았네요, 15~16년을 살다 결혼했으니까. 부모님은 지금도 사세요.

'하고 싶은 일'로 직진하기엔
너무 비쌌던 '서울살이'

기억을 더듬어보면 우리 집이 가난하다는 사실은 굉장히 빨리 인지했어요. 반지하 이사도 이유겠지만 일단 학교 가면 나보다 훨씬 부잣집 친구들을 보잖아요. 그 친구가 가진 걸 부모님한테 요구했다가 안 된다는 이야기를 들으면 그냥 피부로 느끼는 거죠. 힘들거나 괴로웠다기보단 '우리 집 현실이 그렇구나' 그냥 그 정도였어요. 어려서도 열심히 노력해서 빨리 잘되겠다고 생각했고요. 돈 때문에 예술 쪽으로 진학 못 했거든요. 어릴 때부터 그림에 소질이 있었는데, 중학교 때도 공고 기계과 다닐 때도 선생님들이 미대 쪽으로 진학 권하셨어요. 집안 형편이 너무 안 좋아서 사실상 부모님이 거절하셨고요. 내심 바랐지만, 크게 좌절하진 않았어요. 정 하고 싶으면 나중에라도 따로 할 수 있다고 스스로 정리했거든요. 어차피 전통 미술보단 만화 쪽에 관심이 많았고, 원하던 게임 그래픽 전공으로 대학도 갔고요. 그쪽으로 취업한다고 나름 투자도 했어요. 졸업하고 안양 이모 집에까지 살면서 강남으로 학원을 1년이나 다녔으니까. 그렇게까지 했는데 결국 업계 문턱에서 방향을 틀었어요. 학벌 좋은 경쟁자들이 많았거든요. 경쟁력이 결국엔 달린다는 걸 그냥 알았던 거 같아요.

서른에 첫 취업했어요. 계속 만화 쪽으로 공부해서 그래픽이나 콘셉트 아트✿ 쪽으로 지원했더니 기회가 왔거든요. 게임 회사에서 취업 마지막 과정을 통과하고 연봉을 들었는데, 초봉이 2400만 원이었어요.

✿ 콘텐츠 창작 전에 아이디어 전개와 상황 연출을 위한 사전 단계 예술을 아우르는 작업이다. 게임 분야에서 가장 활발하게 수요와 공급이 이루어진다.

서울에 집을 얻어야 하는 저로선 도저히 계산이 안 나오는 돈이었죠. 연애도 하고 싶고 차도 갖고 싶은데, 궁극적으로는 그런 걸 다 포기한다고 해도 내가 어디까지 (올라)갈 수 있는지에 대한 상이 잡히질 않았어요. 때마침 대전에서 중소기업 다니는 친구가 회사에 자리가 났다고 오라고 하더라고요. 열차 객실 통제 시스템을 공급하는 전자 IT회사였는데 연봉도 맞춰준다고 했고요. 생활면에서 훨씬 유리하단 판단이 빨리 와서 그 일을 선택했어요. 살던 집에서 출퇴근할 수도 있는 것부터. 좀 생뚱맞죠? 하고 싶은 일은 돈부터 벌고 하는 거라고 생각했거든요. 그건 자기만족이니까, 열정만 있으면 언젠가 할 수 있는 거니까.

돈 때문에 선택했으니까 혹독하게 돈을 안 쓴 거예요. 작정하고 첫 월급부터 용돈 15만 원 빼고는 전부 어머니한테 맡겼거든요. 돈 쓸 경로를 아예 차단하려고요. 결혼 희망이 뚜렷한 편이라 애인 있기도 전부터 계획적으로 돈을 모으면서 계속 부모님 집에서 산 거예요. 독립하면 좋겠지만 들어가는 비용 때문에 아무래도 돈 모으긴 어렵죠. 자금이 있어야 장가를 가고, 그다음에 차도 사고, 결국 집도 사는 거고요. 어느 세월에 집 얻을 돈이 모아질까 까마득했는데 8년 하니까 차곡차곡 모였더라고요. 회사 팀 동료들이랑 회사 독립도 해보고, 좀 늦게 결혼했어요.

신혼집에서 아빠가 됐고, 로프를 타기 시작했다

신혼집은 좋은 기억이 참 많아요. 집 구할 때부터 너무 작지 않고 좋은 집을 찾았거든요. 아내가 그림 그리는 사람이라 작업실이 필요한데, 아예 집에 있는 편이 나을 거 같아서요. 괜찮은 주인 세대 매물이 나오기를 기다렸어요. 간혹 있거든요. 컨디션도 좋고 십중팔구 테라스도 있고. 부모님 집을 나오는 거라 급할 게 없었죠. 기다렸더니 딱 맞는 집이 나왔고요. 복층인데 누다락도 없이 면적만큼 다 쓸 수 있는 집. 방 두 개 중

안방은 33평형 아파트 안방 베란다를 확장한 정도로 컸어요. 보증금 1억 8천이면 시세 안쪽이었는데, 임대인도 좋은 분이었고요. 가급적 4년 이상 살고 싶다고 했더니 더 오래 살라면서 흔쾌히 전세권 설정도 해주시더라고요. 거절하는 집주인도 있다고 들어서 여차하면 집을 더 볼 각오로 물어본 건데.

테라스에서 바베큐 파티하겠다고 설레서 6인 테이블에 파라솔까지 설치하던 기억이 나네요. 두 번 쓰고 '생각하는 의자'로 전락했지만.(웃음) 집들이 때마다 지인들이 놀라면서 집이 너무 좋다고들 해주니까, 그것도 참 기쁘더라고요. 뭐니 뭐니 해도 그 집에서 첫째를 만난 거, 첫 아이 태어났을 때 행복감은 표현할 길이 없네요. 와이프도 아이도 건강하다는 사실 딱 하나만으로 인생 행복은 다 이뤘다는 느낌이었거든요. 그때 살이 제일 많이 쪘을 거예요. 처음으로 80kg 중반 찍고, 꽤 통통했어요.

아빠가 되고 곧 직업을 바꿨어요. 독립한 회사에서 5년 정도 일했을 무렵인데 성장 활로가 잘 안 보였거든요.

새로운 기술은 계속 나오고, 때맞춰 새 아이템으로 계속 못 갈아타면 금방 도태될 거고, 불안했어요. 이제는 키워야 할 아이도 있으니까. 50살 전에는 뭔가 발전할 방법을 찾아야 한다는 생각에 완전히 새로운 일을 배웠어요. 로프를 타고 아파트나 빌라나 고층 건물 옥상 외벽을 내려가면서 수선이 필요한 창틀을 손보는 일이에요. 먼저 전직한 첫 직장 선배가 구체적으로 권했었거든요. 위험하긴 해도 시간 투자 대비 수익이 높다고요. 아직 대체가 안 되는 전문 기술이라 수요가 계속 있는 일이에요. 시작 날 바로 현장 가서 서너 번까지는 보고 듣고, 다음 날로 바로 로프를 탄 거예요.

 처음 6개월은 억만금을 줘도 하기 싫다는 생각만 계속 나더라고요. 직장 출퇴근 때보다 훨씬 일찍 나가서 일할 준비를 마치고 나면 로프를 한 번 타고도 온몸이 아릴 정도로 긴장이 심했거든요. 처음엔 로프 내릴 위치 잡고, 얼마나 내릴지 결정하는 것부터 쉽지가 않아요. 구조상 옥상에서 내린 로프가 땅에 닿는 게 안 보이는 건물도 있거든요. 바닥까지 로프가 안 닿으면 땅으로 추락이고요. 아니면 줄 타고 다시 올라가거나. 산업용 장비들이 꽤 비싸고 좋은 거라 이 정도면 괜찮겠다 안심하다가도 막상 일 시작하면 너무 무서워서 초보일수록 필요 이상으로 로프를 꽉 잡게 돼요. 그럼 몸이 너무 힘들고요.

  저는 직선이 아니라 시계추처럼 좌우를 움직이면서 내려가는 작업을 하거든요. 이쪽이 비교적 공급이 적어서 벌이가 더 높아요. 위험수당 때문이죠. 팔다리가 벌벌 떨리고 경련이 오고 알이 배기고. 처음엔 속도도 안 나요. 너무 싫지만 어쩔 수가 없었어요. 다음날 또 다음날 계속 내려가다 보니 이 일도 몸에 익더라고요. 나름 여유도 생기고요. 그러다 보면 로프 타고 내려가는 순간이 편안할 때도 있어요. 재미도 생기죠. 점점 신규 시공도 들어오고, 단체 건수도 들어와서 동료랑 공동 작업하는 날도 생겼어요. 처음 1~2년은 선배 따라다니면서 배웠는데 벌써 5년째네요. 경력이 쌓인다고 100% 장담할 순 없는 일이에요. 손가락 굵기 로프에 체중을 싣고 20층 30층 건물 꼭대기에서 내려오다 보면 미처 대비 못 한 일도 생길 수 있거든요. 여태껏 실수 없이 했어도 내일은 또 모르는 거고요. 일하러 갈 때마다 가족들이 걱정하는데, 갈수록 힘에 부치긴 하네요. 아무래도 체력 단련 시간이 부족해졌거든요. 엄마가 주 양육자여도 아빠도 돕잖아요. 실은 수입을 더 늘리려고 투잡을 시작한 게 커요. 인생이라는 게 참… 코로나 때 대학교 앞 식당을 인수했는데 매출 올리기가 예상보다 더 어렵더라고요. 품만 더 들어서 정리하는 과정이었는데, 전세사기까지 당하게 됐어요.

"세입자는 집을 고를 수 없었어요"

계획 없던 이사였어요. 신혼 복층 집에서 4년째 잘 살고 있는데 임대인이 그 집으로 돌아올 사정이 생겼거든요. '임대차 3'법 발표했을 때라… 세입자로서 그냥 좀 슬펐던 거 같아요. 누구의 잘못도 아니고 사정이 급변해 생기는 일이니까요. 아내 산달도 하필 얼마 안 남았고, 첫째도 세 살이라 한창 손이 많이 가고.

　세입자는 집을 고를 수 없었어요. 갑자기 한 번에 이동이 많아지면서 값이 막 뛰고 매물은 귀해졌거든요. 하룻밤 지나면 1~2천, 또 하룻밤 지나면 3천이 올라서 1억 5천~2억 안에서 구할 수 있던 전셋집 기본이 2억 5천이 됐어요. 아파트는 '넘사벽'이었고요. 제일 싸다고 본 집이 2억 3천인데 너무 후지고 좁아서 지나쳤어요. 그런데 너무 집이 없어서 되돌아갔더니 3천이 올랐더라고요. 그런 식으로 한 달 내내 집만 봐도 매물이 없었어요. 살던 집에서 짐은 빼야지, 애 나올 때는 됐지, 결국 완공되기도 전에 계약한 게 지금 집이에요. 공사 문제로 빠꾸 놨다가 처음보다 가격만 오른 조건에서 울며 겨자 먹기로 계약하게 됐고요. 2억 5천에서 2억 8천이 됐는데, 3억 되는 건 시간문제잖아요. 신혼부부 버팀목 전세자금대출은 나왔는데, HUG 전세보증보험 가입은 거절 나왔어요. 모아 놓은 돈에 대출금 더하고, 어머니까지 돈을 건네주셨어요. 갑자기 1억 만든다고 쩔쩔맸는데 더 어떻게 하겠어요. 계약 기간만 버티고 바로 나간다는 생각으로 들어간 거예요.

입주하고 한 달 정도는 조금씩 보완하는 거 같더니 2년 넘도록 테라스 방수는 아직도 안 된 상태예요. 당연히 밑 집에 문제 생겼죠. 우리 집도 부분 부분 곰팡이가 피고. 임대인한테 여러 번 말해도 별 소용없었어요. 건축주랑 분쟁 중이라면서 자기 책임은 미뤘거든요. 계획대로 이 집을 빨리 떠나자고만 생각했죠. 마침 1년 반 정도 살다가 아파트 청약 당첨됐거든요. 20년간 부은 청약 통장이 드디어 빛을 발하는 순간이 온 거예요. 계약금이랑 2차 중도금까지 내고 임대인한테 이사 나간다고 알렸죠. 답도 받았어요. 임대인도 처음부터 계약 연장 의사 없었거든요. 돌려받은 보증금으로 중도금도 치를 겸 더 저렴한 구옥에서 전세를 한 번 더 살려고 했어요. 그런데 계약 종료 달에 임대인이 계속 연락을 안 받더라고요. 느낌이 너무 이상해서 집 등기부등본을 뗐더니 이미 건물이 임의경매✿ 넘어간

✿ 채권자가 담보로 설정된 부동산에 대한 담보권(저당권, 근저당권, 전세권 등)을

상태였어요. 말 그대로 하늘이 노래지는데… 그때부터 다달이 삶이 무너지기 시작하더라고요.

  자살하는 사람들 심정을 '1'도 이해 못 하고 살았어요. 그런데 조금 알 거 같다고 해야 하나. 제가 받은 대출이 버팀목대출이라 연장이 안 된다고 하더라고요. 기준 자산이 2천만 원 초과했다고. 당장 안 갚으면 하루하루 이자에 연체금까지 물린다는데 수중에 정말 한 푼도 없었거든요. 중도금 치르는 데 다 들어갔으니까요. 어머니 돈까지 들어간 보증금은 떼였고, 돈 나올 구멍은 없고, 얼마나 막막한지 몰라요 그거. 얼마 전에 대구 사는 애기 엄마 한 분이 전세사기 때문에 또 목숨을 끊으셨거든요. 그 선택이 십분 이해 가요.

  대출금을 어떻게 여차저차 지인들 힘 빌려서 겨우 막았어요. 그랬더니 다음엔 내용증명서가 날아오더라고요. 우리 건물을 낙찰받은 새 건물주가 보낸 거죠. 이삿날 통보하면서 안 나가면 매일 보증금의

실행해 채무 변제를 받기 위해 진행하는 경매. 강제 경매와 달리 별도 집행 권원 없이 담보권 설정 자체로 경매를 신청할 수 있다.

1%씩 청구하겠다고 쓰여 있었어요. 통화 시도를 정말 여러 번 해서 어렵게 소통했어요. 일부러 안 받았겠죠. 전부 월세 돌릴 계획이라고 해서 이삿날만 조금 조정받았어요. 3일 뒤 이사해요.

  이 집은 결국 완공을 못 보고 나가네요. 그동안 안 쓰고 아껴서 모은 보람도 없이 보증금 대출만 80%가 됐어요. 영혼까지 끌어모아서 아파트 전세를 구했거든요. 다가구 전세는 사기 트라우마라 못 가겠어요. 내 돈으로 차곡차곡 중도금 치른다는 계획은 다 옛날이야기네요. 입주 때까지 모자란 비용도 숙제로 남았고요.

떼인 보증금은 피해자들 '인생값'

어떤 사람은 말해요. 애초에 규모를 확 줄여서 훨씬 작은 전셋집으로 가야 하지 않았냐고. 틀린 말은 아니지만, 말이라는 건 참 쉽죠. 살림살이를 다 처분하는 수밖에 없는데 어떻게 그래요. 식구는 더 늘었고요. 3년 전으로 돌아가서 다 버리고 좁은 집으로 몸만 들어갔다면 전세사기를 안 당했을까요? 대전이요, 인구 대비 전세사기 피해 비율이 가장 높은 지역이에요. 정작 근본 원인은 그대로 두고 괜한 피해자 탓하는 건 아무 소용없어요. 조건 맞는 집 찾는 건 잘못이 아니고요.

 알릴 수만 있다면, 전국 8도 어디든 내 얼굴 내 목소리를 다 팔아서라도 다 알리고 싶었어요. 피해 초기만 해도 이렇다 할 정부 대책은 없고 우리만 절실하니까. 그나마 총선 훨씬 전부터 정의당이, 그다음엔 민주당이 간담회 열어서 피해자 현황을 듣더라고요. 그것도 반복되니까 사람들이 점점 안 나왔지만. 마지막까지 남은 사람들 중심으로 대전 지역 피해자 대책위를 구성했어요. 대책위 활동에 여기저기 방송 출연에 식당 일까지 병행하느라 로프 타는 건 한 달에 두세 번 겨우 했네요. 집중해야 사고 없이 일하는데, 손에 일이 안 잡히니까요. 생업까지 밀리고 시위에 서명운동까지 몇날 며칠을 해서 겨우 시장 면담 한 번 했어요. 조례로 피해자 지원하겠다는

약속도 받고요. 어렵게 만난 시장이 나몰라라 하지 않고 노력하겠다니까 우선 믿어야죠.✿

한국은 부동산으로 부를 불리는 구조잖아요, 국회의원들조차도. 1년 넘게 출입문이 닳도록 관공서나 법원 다니면서 피해자만큼 심각하게 문제를 받아들이는 책임자를 거의 못 봤어요. 여당 국회의원들은 애초에 전세사기 심각성을 인지하고 싶지 않은 거 같았고요. 없던 일도 아니고, 걷잡을 수 없이 커지니까 주목이라도 받은 거겠죠. 은행 같은 금융 기관은 손쉽게 짐을 털고, 피해자 개인만 소리 없이 무너지던 문제니까. 허술한 제도에 기가 차요. 개선까지 갈 길이 먼데 당장 피해 회복에도 소극적으로 나오는 책임자들 보면…. 피해자들이 그냥 제풀에 지쳐 포기하길 바라는 거 같아요. 최근엔 대전에서 40억대 전세사기를 벌인 일당 두 명이 1심에서 겨우 9년씩 선고받고 바로 항소하더라고요.✿✿ 결혼 전에 10년 그다음 10년,

---

✿ 2025년 4월까지 대전시에 신고된 전세사기 피해 건수는 4200여 건이다. 이중 피해로 인정된 것은 3300여 건, 피해 보증금은 3500억 원에 이른다.

제 20년 인생에 다른 피해자들 인생까지 더한 값을
홀라당 편취한 범죄자들이 고작 몇 년 감옥 살고 나오면
끝이라니…. 포기할 수 없어요. 못 받은 보증금은,
어떻게 해서든 받아내려고 노력 중이에요.

✿✿ 사회 초년생들을 노려 전세사기를 벌인 임대업자와 브로커 일당 사건이다. 2024년 5월 24일 항소심 재판에서 형량이 각각 징역 7년과 3년 6개월로 대폭 감해졌다. 그 이틀 전인 22일에는 수도권 일대에서 세입자 31명으로부터 70억대 보증금을 가로챈 일명 '2400 조직' 일당 3명도 10년 이하 징역형을 확정받았다. 이날 전국 전세사기피해 대책위원회는 대전지방법원 앞에서 기자회견을 열고 전세사기 범죄자들에 대한 솜방망이 처벌을 규탄했다. 7월 8일에는 대전전세사기피해자 대책위원회와 대전참여자치시민연대, 민주당·진보당·정의당 대전시당 등이 대전지방법원 앞에서 기자회견을 열고 전세사기 범죄자들에 대한 법원의 엄벌을 촉구했다.

'신혼 닭꼬치'의 기쁨을 빼앗겼다

이재호

이재호

1991년 대구에서 태어났고, 수원에서
쭉 살았다. 대학 시절을 제외하면,
부모님의 자가 아파트에서 서른쯤
신혼집을 얻기 전까지 살았다. 요리사를
하고 싶어 관련 고등학교로 가고
싶었지만, 인문계 진학을 바라시는 부모님
뜻에 따랐다. 막상 입시 땐 특수 공학계열
대학으로 장학금을 받고 갔다. 서브프라임
모기지 사태 이후 계속 어려워진 바뀐
가정 형편을 고려한 선택이었다. 대학생
때 하숙, 자취, 기숙사를 차례로 경험했다.
각종 행사장, 주차, 안전요원, 카페 등등
아르바이트와 조교 일로 생활비를 했고,
모자란 돈은 한국장학재단 생활비 대출로
감당했다. 부모님 집에서 통근할 수 있는
직장에 취업하고 6개월 만에 대학생 때
진 빚을 모두 갚았다. 결혼 계획을 앞두고
구한 신혼집에서 전세사기를 당했다.
인쇄공 10년 차다.

'신혼 닭꼬치'의 기쁨을 빼앗겼다

"이게 정말 맞는 판결입니까!?"

 허리를 받친 채 반문하는 재호 씨 몸이 불안하게 떨렸다. '수원 전세사기 정 씨 일가족'에 1심 판결이 선고된 날, 법정을 빠져나온 직후였다. 일명 '쪼개기 대출' 수법*까지 활용해 511명의 피해자에게 약 760억 원의 피해**를 입힌 일가족에 내려진 판결은 남편(사장)에게 징역 15년과 추징금 1억 360만 원, 아내에게 징역 6년(재계약 담당), 아들에게 징역 4년(감정평가 담당)이다. 사실상 공범인 아내와 아들에게

---

* 쪼개기 대출 수법이란 공동담보를 말하는 것으로, 동일한 채무에 대해 여러 개의 담보물(부동산)을 묶어서 담보로 설정하는 방식이다. 대출하는 사람 입장에서는 대출 과정의 단순화라는 장점이 있고, 각각의 담보는 빌린 전체 금액을 보장하는 역할을 하게 된다. 등기부등본상에 공동담보 사항을 확인하려면 추가 선택을 해야 열람이 가능하다.
** 경기대책위가 파악한 피해 규모는 약 1200억 원, 피해자 수는 1000여 명에 달한다.

검찰의 구형 절반에도 못 미치는 판결이 나오자 재호 씨는 절규했다. 법정을 나오자마자 취재진 질문에 답하는 그의 호흡이 불안정하고 얼굴은 붉어졌다. 몇 개월 전 마주했던 재호 씨 얼굴이 그 위에 문득 겹쳤다. 조심스레 푼 집 이야기가 사건으로 다다를수록 응어리진 마음이 이따금 붉게 스치던 흰 얼굴. 때마다 눌러놓은 원통함이 1년여를 기다린 첫 선고에서 터진 모양이었다. "몇백 명 몇천 명 삶을 망가뜨리건 고작 몇 년 살다 오면 끝나는 게 맞습니까?" 소리치며 반문하던 그는 멈추지 않는 울음에 한동안 법원을 나서지 못했다.

  재호 씨는 10년 차 인쇄공이다. 역사

과목을 좋아하는 인문계 고등학교 문과생이었던 그가 돌연 타지의 특수 공대 입학을 결정한 건 어려움이 누적된 부모님의 가게 형편과 무관하지 않았다. 수석으로 입학해 학비를 면제받을 수 있는 대학이었고, 연결된 업체로 취업한다면 바로 직장까지 구할 수 있는 조건이었다. 집 가까운 학교 사학과에 합격한 소식은 기뻤지만, 빠른 취업이 절실한 현실엔 맞지 않는 선택지였다. 자식만은 지식 노동자가 되기를 완강히 바랐던 부모님도 몇 년 만에 태세가 달라져 있었다. "집이 어렵다고 너무 조급하게 생각하지 마라." 부모 바람과 딴판으로 진로를 튼다는 아들에게 온건하게 조언하는 힘빠진 아버지 모습에 재호 씨는 결단했다.

  주거만큼은 비교적 안정적인 환경에서 자랐다. 부모님이 일찍이 마련한 자가 아파트, 아끼는 동생이 태어난 집에서 재호 씨는 대학생 때를 제외하고 취학 전부터 독립 전까지 쭉 살았다. 하숙집, 월세방, 기숙사를 거치며 주거 생활비 절반 이상을 스스로 해낸 대학 생활은 일종의 독립 예행이었다. 고됐지만 자유로운 날들이었다. '식당 집 아들'이라는 정체성 아닌 정체성을 벗어난 시공간에서 펼쳐진 생활이었기 때문이다. 초·중·고등학교 생활기록부마다 남은 '소심함'의 기록은 깨졌고, 또래 친구는 물론 아르바이트로 대한 손님의 기억도 좋은 경험으로 남았다.

진학 때 목표대로 대학 시절을 착실히 보낸 재호 씨는 예상대로 취업했고, 빠르게 생활비 빚을 청산하며 앞으로 나아갔다.

   차곡차곡 모은 돈이 마중물로 쌓일 즈음 독립했다. 여자 친구와 함께 살 집이었다. 드물게 주차 문제가 없는 신축 집은 가전까지 '풀옵션'이었다. 써 보지도 않은 가전들을 시작부터 구입하는 조건보다는 상대적으로 보증금이 높더라도 대출 몇천을 늘리는 편이 낭비 없는 선택이었다. 큰 지출 없이 입주한 첫 보금자리에서 재호 씨 커플은 코로나 문제가 잦아들 때쯤 결혼식 계획을 짜기로 했다.

   보증금 인상도 없이 원만히 계약 갱신이 이루어지고, 곧 코로나 엔데믹도

왔다. 연말엔 본격적으로 결혼식장을
잡고 있을 줄 알았는데, 상황이 심상치
않게 흘러갔다. 이웃집 전세사기 소식이
청천벽력처럼 전해지고, 임대인은 잠적
상태였다. 계약 때만 해도 부동산에서
추앙했던 그의 재력은 실상 텅 빈
껍데기였음이 점점 드러났다. 부동산에서
확인시킨 근저당권의 채권최고액은 알고
보니 공동담보의 일부 담보물에 관한
것이었다. 어마어마하다던 집주인의
부동산은 무분별한 담보대출에 임차인들
보증금을 더해 몸집만 크게 불린 '허상'
그 자체였다. 그 허상이 전국에서 손 꼽을
정도 규모로 극악무도해진 데는 부당
이익을 노린 중개업소 관계자 수십 명의

상당한 조력*이 있었다.

  재호 씨를 인터뷰하고 시간이 꽤 흐른 뒤 다시 그의 얼굴을 본 곳은 정 씨 일가족에 대한 항소심 선고일을 앞둔 기자회견장이었다. 전세사기 피해자 경기대책위원회 위원장으로 계속 활동하는 그가 또 한 번 사법부에 호소했다. "결혼을 앞둔 청년은 파혼을 겪었고, 임산부는 극심한 스트레스로 유산했습니다. 피해를 감당하지 못하고 극단적 선택을 한 분도, 암 투병 중에

---

* 경기도에서 '수원 정 씨 일가 전세사기 사건'에 연루됐다고 의심되는 28개 공인중개업소를 조사해 공인중개사 36명과 보조원 29명 등 65명을 적발했다. 이 중 검찰에 송치된 사람은 24명이다. 이들이 중개한 물건은 모두 540건, 그중 380건을 거래하면서 법정 금액을 초과한 중개보수를 챙겼으며, 이들을 통해 거래한 임차인이 돌려받지 못한 보증금만 722억 원에 이른다. 정 씨 일가 전세사기 피해 금액의 거의 대부분이다.

병세가 악화한 피해자도 있습니다. 법의 판단이 부디 전세사기 범죄에 대한 경고로 남을 수 있도록 해주시길 요구합니다."

이재호

동생이 태어난 집

여섯 살부터 서른 넘어서까지 한집에 쭉 살았어요. 조그마한 아파트인데 어머니가 동생 임신 중에 이사해서 25년 가까이 살았네요. 동생이 태어난 게 좋았어요. 혼자였으면 외롭고 심심했을 텐데 챙길 동생이 있는 게 기뻤거든요. 부모님은 자영업자셔서 워낙 바쁘셨고, 엄한 면도 있으셨어요. 저는 어릴 때부터 동생을 챙기면서 컸어요.

꽤 넉넉하게 살 때도 있었어요. 부모님이 자그마한 이불 공장 하실 땐 아버지가 대기업 다니는 친구네 집보다도 훨씬 수입이 많으셨거든요. 월에 몇 번씩 지방 납품을 다니셔서 시간이 없으셨고요. 그러다 2002년 월드컵 때 고깃집으로 업종을 바꾸셨어요. 사업 규모를 키우려 하신 거 같아요. 전 5학년이었는데 그때 느낌에

'신혼닭꼬치'의 기쁨을 빼앗겼다

꽤 큰 가게였거든요. 잘됐고요. 그 시절엔 제 옷이나 신발이나 메이커 아닌 게 없었어요. 특별히 그런 데 욕심내는 애도 아닌 데, 인터넷이 없을 때라 물건 살 데가 시장 아니면 백화점이었잖아요. 우린 물건을 백화점에서 사는 게 당연한 거였어요.

형편이 바뀌기 시작한 게 서브프라임 모기지 사태* 이후에요. 집이 점점 어려워지더니 쌀통이 비어서 엄마가 이모네 집에서 생활비를 빌려 쓴 적도 있을 정도로 심각한 적도 있어요. 그래도 부모님이 꽤 오래 버티셨어요. 버티다 버티다 저 군대 갔을 때까지도 버티다가 결국 접고 다른 일을 하셨고요.

'하고 싶은 건' 애초에 포기했죠. 대학 갈 때 집이

※ 미국의 서브프라임 대출의 불량채권화로 촉발한 세계 금융 위기. 미국에서 부동산 거품이 꺼지면서 서브프라임 주택저당증권과 부채 담보부 증권에 많이 투자한 금융기관들이 파산한 것이 발단이었다. 2008년 9월 15일 미국 거대 투자은행인 리먼 브라더스가 파산하면서 국제금융시장에 신용 경색이 오고, 세계 금융 위기로 전환됐다. 미국과 유럽 국가들이 직접적인 경기 침체 상태에 빠졌고, 간접적으로는 한국을 비롯한 아시아 국가의 수출 감소에 영향을 주었다. 제한적이지만 금융 자산시장 여건 변화로 인한 민간소비와 투자에도 영향을 주었다.

너무너무 안 좋았거든요. 역사를 좋아해서 사학과를 가고 싶었는데, 갑자기 먼 지방에 있는 학교 인쇄미디어학과로 갔어요. 공과대학 수석이라 학비가 면제였고, 취업까지 고려했거든요. 워낙 특수한 과라 그때 국내에 인쇄 관련 학과가 딱 2개였는데, 우리 학교랑 연결된 인쇄 업체들이 전국에 있었어요. 그중 하나는 부모님 집 근처에 있었고요.

 집이 힘든 걸 계속 봐서 빨리 취업해야 한다는 생각이 강했어요. 집에서 가까운 학교 사학과도 합격했는데, 결단을 내린 거고요. 부모님도 원래는 제가 사무직이 되길 강하게 바라셨는데, 상황이 너무 안 좋으니까 크게 반대 못 하시더라고요. 사실 고등학교를 인문계로 간 것도 부모님 뜻이었는데, 어릴 때부터 저는 요리사를 하고 싶어서 실업계로 가고 싶었는데 부모님이 반대하셨어요. 이해하죠. 두 분 다 사무직은 못 해보시고 공장 하시고 그랬으니까, 저는 다른 길을 갔으면 하는 바람이었을 거예요. 부모님들 인식이 대체로 그렇잖아요. 어쨌거나 결과적으로는 저도 생산직이고,

적성에 맞아요. 직업 만족도가 높은 편이에요.

포기한 '꿈' 대신 지켜낸 '생활'

처음엔 하숙했어요. 바로 자취하긴 좀 어렵게
느껴지고, 기숙사는 훨씬 먼 지방에서 오는 학생들에게
우선 제공됐거든요. 밥도 주고 학기 중에만 지내는
기준으로 1년에 320만 원 정도였어요. 하숙 생활이 꽤
재밌었어요. 저랑 같은 학교로 입학한 친구랑 같이 2인
1실을 쓴 데다 하숙집 친구들이랑 금방 친해졌거든요.
수시로 운동 같이하고 술도 한 잔씩 하고 놀고. 그렇게
1학년 마치고 2학년 때 학교 앞 원룸에서 자취했어요.
단독주택에 딸린 독채 건물이고, 그 안에 화장실이
하나, 방 세 개가 이어져 있었고요. 그중 하나가 제
방이었는데 4평 정도였으려나? 정식 월세처럼 보증금
얼마, 월세 얼마가 아니라 그것도 1년 치 선불로 300만
원이었어요. 하숙 때보다 방세 자체는 싸졌는데,

월마다 공과금에 생활비도 들어가니까 그때부턴 온갖 아르바이트를 했죠. 먹는 것도 직접 해 먹고요. 첫 하숙비만 부모님이 내주시고 다음부턴 거의 알아서 했거든요.

 특이한 아르바이트 많이 했어요. 파견 업체에 등록해서 연결되는 일은 뭐든 했거든요. 카페는 기본이고 아파트 모델하우스 주차 안내, 행사장 안전 요원, 어린이 놀이 시설 지킴이 등등. 장기 단기 가리지 않고 하느라 정신은 없었지만 기억에 남았어요. 대기업 가족의 날 행사 때 인형 탈 쓰고 아이들이랑 놀아주는 아르바이트할 땐 일이지만 진짜 재밌게 놀았거든요. 놀이 시설 지킴이 할 때 자주 오늘 애들이랑 친해지기도 했고요. 다양한 사람 만나는 걸 꽤 즐거워했나 봐요. 일하는 게 고되긴 해도 그때 기억이 전반적으로 참 좋아요. 원래는 생활기록부에 소심하다고 초중고 내내 기록될 정도로 성격이 조용한 애였는데, 집 떠나고 성격이 확 바뀌었거든요. 친구도 많이 사귀고 되게 활동적으로 놀고. 자취라는 게 아무래도 자유로웠거든요. 부모님이 오랫동안 장사를 하셨다 보니 저 스스로 주변 사람 눈치를 많이 봤었나 봐요. 그러고 보면 원래 성격이라는 게 정말 원래 성격이라고 할 수 있을지 모르겠어요.(웃음)

기숙사도 살아 봤어요. 3학년 땐 조교 일만 하느라 시간이 부족해서 아르바이트를 전처럼 많이는 못 했거든요. 사정이 좀 있었어요. 신청자 중에 성적으로 조교 두 명을 뽑았는데, 한 명이 갑자기 그만둔 후로는 제가 혼자 두 명 일을 했거든요. 돈이 부족해서 그땐 생활비 대출을 했고요. 부모님한테는 손 벌릴 수가 없었어요. 더 어려워지셨거든요. 4학년 때부터는 실습생으로 취업을 나가서 다시 부모님 집으로 들어갔네요. 집 근처에 셔틀버스가 있는 회사를 일부러 선택했고요. 돈 아끼려고요. 부모님 집에 사니까 빨리 갚을 수 있었던 거예요. 대학 졸업하고 받은 빚 청구서가 1천만 원 정도였는데, 공식 입사하고 정확히 6개월 만에 다 갚았거든요. 1월 입사하고 6월에 끝. 결과적으로 잘한 선택이었죠, 학교는. 빨리 취업해서 빚 갚고, 일도 적성에 맞았고요.

　라벨지 인쇄소에서 근무해요. 마트 상품 떠올려보시면 돼요. 거기 온갖 라벨지가 다 붙어 있거든요. 그걸 생산하는 거예요. 직급은 대리지만 이쪽은 직급이 크게 의미 없어요. 몸을 격하게 쓰는 쪽은 아닌데 2교대라 주야 교대 작업으로 돌아가는 게 힘들죠. 모든 기계는 하루 종일 가동하니까 불량 나올 일이 없게 관리하고 확인해야 하거든요. 흔한 직업은 아니죠. 어디 드라마나 방송에 잘 나오지도 않고요. 저랑 제 친구 말고는 아무래도 나이 지긋한 분이 많아요. 이쪽으로 오는 친구들이 적잖아요. 요즘은 부족한 인력을 외국인 노동자들이 채우는 추세예요. 직원 수도 꽤 되고 업계에서 규모가 작지 않은 편이라 처우는 나쁘지 않아요. 이 회사를 다닌 지도 벌써 10년이네요. 학교 친구들 중에 출판사로 간 경우도 있고, 유관 직종으로 가는 친구들도 있었어요. 그러고 보니 저처럼 생산직으로 쭉 가는 애들이 많지는 않은 거 같네요. 다 어디로 갔는지.

신혼의 꿈 빼앗아 간
예측 불가 '쪼개기 수법'

여자 친구랑 같이 집을 구했어요. 우리 둘 다 첫 독립이었고요. 서른 살 넘어서 부모님 집에 언제까지 살 수도 없고, 결혼도 할 거니까 집을 합쳤어요. 부모님 집을 나온 지는 벌써 3년이 좀 넘었네요. 살면서 결혼식을 잡으려고 했는데… 전세사기로 기약이 없어졌고요.

 선택지가 어차피 많을 순 없었어요. 대출 고려해도 예산이라는 게 정해져 있잖아요. 두 사람 출퇴근 중간 지점이어야 하고요. 집 알아보던 게 2020년 가을쯤이고, 인터넷으로 우선 여러 개 보면서 괜찮은 매물을 추렸어요. 서너 개 정도를 실제로 봤는데 한 집은 전철이 바로 앞에 다녀서 너무 시끄럽고, 그다음엔 주차장 없는 집들이었어요. 집 구하면 그런 걸 알게 되더라고요. '1가구 1주차' 가능한 집이 참 드물다는 사실을 처음 체감했어요. 부모님 집은 아파트라서 주차 문제를 몰랐거든요.

 지금 집은 주차 문제가 없어서 제일 맘에 들었어요.※ 열다섯 세대가 사는데도요. 크기는 한 12평 될까 싶지만 유일하게 깨끗하고 이상한 인테리어 같은 것도 없었고요. 아무래도 신축이라 그런지, 역도 가깝고 조건이 다 괜찮았어요. 전세보증보험은 안 된다고 하는데 큰 문제라고 생각 못 했어요. 부동산 쪽에서 워낙 자신 있어 했거든요.

 "이분(집주인)이 망하면 이 동네가 아니라 수원이 다 망하는 거예요." 이렇게 진짜 말했어요. 수원에 가진 건물만 어마어마하게 많은 임대인이라면서. 다른 건물들에 비하면 근저당도 낮게 설정된 거라고 했고요. 등기부에는 근저당이 14억 미만으로 잡혔었는데, 중개인이 그렇다니까 안심했죠. '집주인이 곧

※ 재호 씨의 집이 비교적 주차 문제가 없는 건 법적으로 아파트에 해당하기 때문이다. 아파트는 법적으로 주택 층수가 5층 이상인 공동주택을 의미하며, 지역과 주택 규모에 따라 일정 비율 이상의 주차대수를 확보하도록 규정하고 있다. 세대당 주차대수는 1대 이상이어야 하며, 세대당 전용면적이 60㎡ 이하인 경우에는 0.7대 이상 되도록 해야 한다. 국토교통부는 현실에 맞춰 공동주택 주차 여건 개선안을 검토 중에 있다.

'신혼 닭꼬치'의 기쁨을 빼앗겼다

건물주인데 이 건물 말고도 그렇게나 부동산이 많은 사람이면…' 그런 생각도 했고. 모은 돈 7천에 1억 2천을 대출해서 계약했어요. 대출은 부동산이 알려준 은행 직원한테 했고요. 어느 은행 무슨 지점 누구로 아예 정해줬거든요. 그래서인지 은행 직원한테 별 이야기는 못 들었는데, 어떤 피해자들은 은행 직원이 건물 위험을 말해준 경우도 있대요. 저는 연차도 꽤 됐고 정부 지원 대상은 아니라 일반 대출을 받고, 계약은 집주인이랑 직접 했어요.

이 집 들어올 때 대출한 만큼 절약한 소비도 많았어요. 냉장고, 에어컨, 세탁기, TV처럼 굵직한 가전이 집에 포함이었거든요. 소형 가전이나 주방용품 같은 거만 샀고요. 주말마다 이곳저곳 데이트하면서 같이 골랐는데, 이것도 참 좋았네요. 혼인신고도 결혼식도 아직이지만 그래도 신혼집이니까. 여자친구가 식물을 들였고, 저는 추가로 산 건 없어요. 지금도 그렇지만 돈을 거의 안 쓰거든요. 사치하는 게 있다면 월에 만 얼마 내고 스포티비 구독하는 거 정도죠.

우리 집에 같이 돌아가는 게 제일 좋았어요. 모든 커플이 처음 같이 살면 아마 그렇겠죠. 같이 살면 그때부터 새로운 추억이 또 시작되잖아요. 데이트할 때 자주 이용하던 닭꼬치 집이 있는데, 그 집 닭꼬치를 우리 집으로 배달해서 같이 먹는 게 그렇게 좋았어요. 집이 으리으리하지 않아도 같이 동네 구경한다고 여기저기 돌아다니는 거, 그런 게 좋았죠.

　특별히 이사할 이유가 없더라도요. 집이 아담해도 둘이 행복하게 지내는 데 문제없었거든요. 어느새 계약 만료가 다가오길래 미리 집주인한테 연락했어요. 3개월 전에 갱신 이야기 꺼냈더니 전세금 올리자고도 안 하더라고요. 그래서 묵시적 계약 연장으로 대출 연장을 했는데, 1년도 안 가서 이상한 소식을 들었어요.

　야간조로 일하던 날인데, 한밤중에 와이프※ 전화가 오더라고요. 집주인이 잠수를 타서 이웃이 찾아왔다고. 저도 확인차 며칠간 집주인한테 연락했는데 안 받았더라고요. 그냥 안 받는 것도 아니고

※ 재호 씨는 예비신부를 이미 와이프로 부른다.

'읽씹'이었고요. 집주인이랑 핸드폰 기종이 같아서 문자만 나눠도 수신 상태가 보이는데 확인하고 답도 안 하고 연락도 다시 안 주고. 그때가 23년 9월쯤. 그 상태로 여기저기 알아보는데 전세계약 끝나고 보증금 못 받은 분이 이미 6월에 있었어요. 처음엔 보증금 못 돌려주는 동안 대출이자라도 지원해준다고 하더니 잠수 타버렸다고…. 수소문해보니 피해자 단톡방도 이미 만들어진 상태였어요. 그 방 안에서 피해자들끼리 도대체 뭘 어떻게 해야 하나 알아보던 중에 점점 확실해진 거예요 우리가 다 사기당한 게.

근저당이 14억이 다가 아니었어요. 제가 본 등기부가 틀린 건 아니고, 거기 드러나지 않는 건물 근저당이 더 있었거든요. '쪼개기 대출' 방식이라고, 이게 수원 지역에서 '정 씨 일가'가 쓴 신종 수법이라고 하더라고요. 우리 임대인이 그 유명한 정 씨 일가거든요. 열다섯 세대 전부를 통으로 묶은 게 아니라 열 세대 묶어서 14억, 다섯 세대 또 묶어서 7억을 빌리면서 나눠서 근저당 잡은 거예요. 이런 식으로 여러 물건에 하나의 채권을 담보하도록 설정하는 걸 공동담보라고 하던데, 그걸 이 건물에서 세대를 쪼개서 한 거죠. 일반적으로는 등기부등본에 공동담보 물건이 표시되지 않으니까 그걸 노렸고요. 집 구할 때 전체 세대 등기부를 다 확인하진 않잖아요? 부동산도 그렇게는 안 보여주고요. 숨기려고 작정한 사기꾼을 임차인이 어떻게 잡아내겠어요. 부동산까지 짜고 치면요. 가담했다고 드러난 부동산만 몇십 개라, 거기 당한 사람이 많아요. 제가 계약한 부동산도 수상할 수밖에 없는 상황이고요.

중개인 말마따나 정 씨 일가 때문에 수원이 망했어요. 그 사람 피해자만 500명 넘어요. 알면 알수록 한 치 앞이 깜깜하더라고요. 사기꾼들은 처음부터 계획적으로 판을 짰고, 그 판이 또 가능한 기반이었다는 게, '어떻게 이렇게 허술하게 운영될 수 있나' '임차인은 그런 제도에서 뭘 어떻게 해야 하나' 도무지 막막한 느낌만 드는데, 가만히 있을 수가 없어서 이곳저곳 문을 두드렸어요. 당한 사실만이라도 어떻게든 공론화해야겠더라고요. 다행히 동생이 지역 청년회

활동을 하는 덕분에 지역 시민단체 도움을 받았어요.
기자회견도 하고, 수원화성대책위도 만들게 되면서
위원장을 맡게 됐고요. 어쩔 수 없이 얼굴이 많이
나갔지만, 그랬으니까 시랑 논의도 할 수 있었겠죠. 지역
피해자들이 받을 수 있는 지원책이 있는지 수원시랑
같이 알아봤거든요. 원래는 전세사기 특별법상 피해자로
인정을 못 받는 피해자가 상당했어요. 압류가 (아직)
걸리지 않은 건물의 피해자라는 이유로 탈락한 경우는
수원시 쪽에서 서둘러 압류 조치를 해주면서 다시
피해자 인정을 받았어요.

**늘어나는 피해자의 빚은 고스란히
'보이지 않는' 사기꾼들 주머니 속에**

집이 경매로 넘어가면 결국 나가야겠죠. 그럼 집을
다시 구해야 하고…. 거기까지는 일부러라도 고민 안
하고 있어요. 시에서는 최대한 경매 넘기는 걸 미루고

있거든요. 개인적으로는 고소 고발 포함 할 수 있는 건 다 해 놨는데, 민사에서 어떤 판결이 나온 들 보증금을 받아낼 수가 현실적으로 있을까요? 범죄 수익을 추적해서 받아내는 게 아닌 이상은요. 현찰은 이미 빼돌리고도 한참 지난 시간인데…. 우리가 그 돈을 추적할 수 없고, 나라도 그걸 하는 게 쉽지 않대요.

스트레스가 심하면 어떻게 되는지 처음 알았네요. 얼마 전에 집에 실려 들어왔거든요. 저도 모르게 버스 정류장에서 잠이 들어서 부모님 쪽으로 연락이 갔대요. 한동안 정신 나갔던 거죠. 병원은 아뇨, 아직 안 갔어요. 주변 사람들이 너무 걱정할까 봐 일단은 혼자서 이겨내려고요. 일절 못 했던 운동부터 열심히 하기 시작했어요. 그래서 다음 집에 대한 걱정은 일단 좀 미룬 거예요. 어차피 한다고 뾰족한 수도 없고요.

아파트 전세를 가려면 무리해서 대출해야 하는데, 웬만한 전세는 무서워서 못 가겠고. 어떻게 할지 모르겠어요. 그동안 숨도 제대로 못 쉬었으니까, 일단은 특별법 개정안이 통과되는지 좀 보려고요.* 이후에나 다시 이것저것 알아봐야죠.

오늘 와이프는 사실 친구 결혼식 청첩장을 받으러 갔어요. 그래서 오늘 인터뷰한 건데, 마음이 좀 그래요. 우리도 결혼식 계획을 벌써 잡으려고 했다가 전세사기로 힘들어진 상황이다 보니까. 생각을 비우려고 해도 쉽지 않아요. 내년이나 내후년쯤엔 결혼할 수 있을까요? 애도 있으면 좋겠다고 생각했었는데, 너무 어렵게 됐어요. 어느 틈에 계속 빚만 늘어났으니까요.❋❋

❋ 인터뷰 이후 2024년 5월 28일 야당 주도의 전세사기 특별법 개정안이 21대 국회 임기 종료 전 국회 본회의에서 통과됐으나 주무부처인 국토교통부 장관이 당일 유감을 표하며 거부권 건의 계획을 밝혔다. 이날 통과된 개정안은 HUG 등 채권매입기관이 전세사기 피해자 임차보증금 반환채권을 주택도시기금으로 공공 매입해 피해액의 최우선변제금에 해당하는 보증금 30% 수준을 우선 변제해주고 추후 채권 추심과 매각을 통해 회수한다는 내용이 핵심이었다. 다음날 윤석열 대통령은 해당 법안을 포함한 4개 법안에 대해 거부권을 행사했고, 21대 국회는 임기를 종료했다. 22대 국회에서 정부·여당안을 중심으로 야당의 요구를 반영한 특별법 개정안을 여야 첫 합의 법안으로 통과시켰다. 피해자 인정 범위를 확대하고, LH가 피해 주택 경매에 참여해 경매 차익으로 임대료를 지원하는 안이 골자인 법안이 현재까지 시행 중이다.

❋❋ 개정 전세사기 특별법이 2024년 11월 11일부터 시행되고, LH가 전세사기 피해 주택을 매입하면서 재호 씨도 매입 신청을 했다. 절차가 문제없이 진행된다면, 보증금을 찾을 순 없어도 피해 주택에서 일정 기간 거주할 수 있다.

집은 새로운 경험으로 계속 변모하는, 공간

하정

하정

1977년 인천에서 태어났고, 전라도 지역에서 성장했다. 남존여비 사상이 강한 집안의 셋째 딸로, 바로 아래 막내 남동생이 있다. 대학교 입학을 계기로 가족의 집을 떠났고, 서울에 직장을 잡으면서 상경했다. 보증금이 필요 없는 고시원에서 임시로 머물며 마련한 보증금으로 옥탑방 월세살이를 시작했다. 직업과 직장 위치에 따라 자주 이사 다녔다. 원룸 오피스텔, 오래된 양옥집, 허름한 아파트 등을 거치며 전셋집도 경험했다. 서울 생활을 정리하고 1년간 아일랜드 캠프힐에서 자원활동가로 임시 거주했다. 되돌아온 서울에서는 10년 같은 동네에 머물렀다. 그 기간 프리랜서로 전업했다. 코로나 시기 중반부터 시작된 층간소음 문제 때문에 반강제로 이사했다. 그 집에서 전세사기를 당했다. 구술자 중 유일하게 HUG 전세보증보험에 가입됐던 임차인이다. 집주인이 수감된 교도소로 찾아가 계약 해지 서명을 받고, 보증 이행 과정을 거쳐 보증금에 해당하는 금액을 회수했다. 지금은 협동조합이 운영하는 사회주택에서 거주한다.

글쓰고 그림 그리길 좋아하는 어린이였다.
상도 제법 타던 재능으로 아버지
사회생활에도 힘을 보탠 딸이건만
칭찬이나 격려받은 기억은 없다. '성평등'
'여성의 사회 진출' 같은 단어조차 낯선
시절 가정을 이룬 부모에게 '어차피
시집'으로 귀결될 세 번째 여자애의
재능이나 장래 희망에 관심 둘 여력은
없었다. 네 자녀를 키워내는 것만으로
벅찬 생활이었다. 성차별이 문화인 시대,
귀한 막내 남동생과 기 센 두 언니 사이의
셋째 딸인 하정 씨는 집에서 다만 조용히
자랐다. 딸이라서, 셋째라서, 맘 놓고
연필 한 자루 놓을 곳도 점유할 수 없는
집을 벗어난 건 그럼에도 곧잘 했던 공부

덕이다. 무슨 꿈이나 진로 고민이 아니라 대입 그 자체가 혹여 거절될까봐, 장학금을 주는 대학교로 묻지도 따지지도 않고 입학했다.

집을 떠나 '조용한 혁명'이 시작됐다. 기숙사에서 처음 써보는 개인 책상, 그 위에서 더는 자기 물건이 치워지지 않는 신선한 공간의 감각은 마음에 소용돌이를 일으켰다. "너무 당연한 그 사실에 충격받은 사람은 또래 동기 중에 나밖에 없었다"고 하정 씨는 말했다. 낯설지만 뚜렷한 권리를 감각한 그녀는 떠나온 집과, 그곳에서 자기 존재를 돌이켜봤다. "정붙일 내 공간 하나 없는 집"이 더 이상 그립지 않았다. 독립을 결심했고, 졸업

후 굳이 가족과 멀찍이 서울에서 직장을 잡았다.

고시원에서 머무는 몇 달간 300만 원을 만들어 옥탑방 월세를 구했다. 처음 가져보는 방 한 칸의 기쁨은 책상에 비할 바가 아니었다. '극한 직업'이었던 사회 초년을 버틸 수 있던 큰 이유였다. 누구의 기척도 없이 뻗을 수 있는 내 자리, 싸구려지만 처음 장만한 내 가구, 1구짜리 전기쿡탑, 경치만은 그럴싸한 전용 옥상 뷰처럼 구체적으로 펼쳐진 공간의 권리들이 하정 씨 일상에 안정감을 줬다. 첫 퇴사와 전업, 몇 번의 이직까지 두루 거치는 10년이었다. 주거 경력도 그만큼 찼지만 어쩐지 이 시기 집은 기억에 남진 않았다. 일관적으로 지갑 사정과 위치만 맞춰 들어간 탓에 지나치게 허름하거나, 혹은 전세임에도 너무 불편했다. 계약 기간만 채우면 다른 집을 찾는 게 습관이었던 그때를 떠올리던 하정 씨가 말했다.

"조금씩 나아졌다고 해도 결국 다 고만고만한 집이었어요. 스스로 공간을 좋게 바꾼다는 건 아예 모르고 살았거든요. 집에 뭘 바라는 것도 전혀 없었으니까. 혼자 10년 넘게 살아도 '내 집'이란 감각 없이 '남의 집엔 아무것도 하면 안 된다'라는 것만 법처럼 지켰어요. 어디가 망가져도 한번 손댈 줄 모르고. 뭘 해 봤어야 그런 능력도 생기는 건데 해 볼 줄 몰랐던 거예요."

집을 대하는 관점이 바뀐 건 자원활동가로 캠프힐✽을 경험하면서다. 캠프힐은 원주민인 장애인과 임시 거주자인 자원활동가들이 공동으로 일하며 생활하는 생활공동체다. 모든 거주자에게 집과 일터를 비롯한 공간을 아름답게 유지하고 돌보는 일이 주어졌다. 하정 씨는 개인 방과, 집 구석구석, 영업 공간을 능동적으로 돌보며 해본 적 없는 종류의 살림에 익숙해졌다. 그럴수록 집의 본질에도 가까이 갔다. 몸과 마음을 쉬고,

---

✽ 장애인과 함께 살고 일하는 생활공동체. 전 세계 100여 곳에 있다. 1940년 오스트리아 출신 의사 칼 쾨니히(Karl König)의 인지학과 철학을 바탕으로 영국 스코틀랜드 애버딘에 처음 세워졌다. 각기 다른 능력을 가진 사람들이 더불어 살고 일하며 공동체 복지에 각자 할 수 있는 만큼 기여하는 상호 지원적 공동체로, 세계 각국에서 오는 자원활동가들이 함께 생활한다.

삶의 취향이나 태도를 반영하고, 좋은
기억을 쌓는, 되돌아가고 싶은 집.

 되돌아온 서울의 삶은 달랐다. 10년
전엔 없던 기호에 이끌렸고, 일을 정하기도
전에 어느 오래된 동네 구옥에 정착했다.
낡은 집의 부엌 가구 보수는 물론 집주인이
나몰라라 하는 도배까지 직접 했다. 손수
꾀죄죄함을 걷어내고 운치만 남긴 집에서
하정 씨는 '1인 사업'으로 전업했다. 수십
년 즐긴 취미, 겪고 보니 쓸모가 된 다양한
직업 경험이 밑천이었다. 글 쓰고 그림
그리며 가내수공업으로 꾸준히 벌인
일은 점점 외주 작업으로, 출판 사업으로
발전했다. '시즌2'나 다름없던 홀로서기는
그녀에게 전환점과 같은 10년으로 다시

채워졌다.

　제2의 고향 같은 동네를 번갯불에 콩 볶아 먹듯 황급히 떠난 건 코로나와 겹친 극심한 층간소음 때문이다. 월급도 유급 휴가도 알아서 쓰는 프리랜서에게 도무지 일할 수 없는 여건은 치명적이었다. 결국 하정 씨는 석 달 만에 '도망했다.' 멀리 떨어진 동네였지만 '꼭대기 층' 집은 층간 소음을 원천 차단하는 최적의 공간이었다. 마침 등록된 임대사업자가 집주인이었다. 계약 전 말소한 근저당을 추가로 잡지 않는다는 특약을 걸고, 부동산 중개인이 강조한 HUG 보증보험도 가입하고, 계약 2주 만에 이사했다.

　따로 손 볼 게 없는 신축 집에서 일에

전념한 것도 잠시, 다시 발목이 잡혔다. 집이 가압류에 걸렸기 때문이다. 대출금을 줄여 다시 이사 나가려던 계획은 중지됐다. 밀려오는 무력감에 신간 홍보에 쏟을 동력은 자꾸 갉아 먹혔다. 보호막인 줄 알았던 어떤 계약 장치도 임대인 일탈 예방과는 무관했고, 임대인 스스로 연락해오지 않으면 보험금 청구조차 계획할 수 없었다. 모든 것이 임대인 중심인 시스템에서 애꿎은 죄책감에 속수무책으로 시달렸다. 그렇게 집은 하정 씨에게 "죄책감 덩어리"로 전락했다.

'채권자 운'이 따른 게 천만다행이다. 집에 가압류를 건 임대인 채권자가 그 임차인인 하정 씨를 도왔다. 덕분에 임대인과 교도소 면회장에서 계약 파기를 할 수 있었다. 이후 보험금 청구 과정을 밟은 그녀는 몇만 명의 전세사기 피해자 중 비교적 빨리 피해를 복구한 편이다.✽

오랜만에 여유를 찾은 하정 씨가 작년 연말 메일에 답신을 보내왔다. '집주인이 없는' 사회주택✽✽에 안착한 그녀는 '싱글 라이프' 주거 생활을 소개하는 유튜브에도

✽ 전세보증금보험 가입이 의무인 주택임대사업자와 계약한 전세사기 피해자 중에는 임대인 과실로 HUG 보증보험 계약이 일방 취소돼 보증금을 돌려받지 못한 피해자도 상당수 있다. 이에 대해 공정거래위원회는 임차인에게 일방적으로 불리한 조항에 해당한다며 HUG에 해당 약관에 관한 시정을 권고했다.
✽✽ 사회적 경제주체가 공급하고 운영하는 임대주택. 운영 주체는 입주자들이 다양한 커뮤니티 공간을 주도적으로 활용할 수 있도록 지원한다. 공공에서 민간에 장기간 저렴하게 토지를 빌려주면 민간사업 시행자가 그 위에 건물을 지어 시민에게 저렴하게 장기 임대해주는 유형의 토지임대부 사회주택과, 노후주택 또는 비주택을 리모델링하여 재임대함으로써 주거환경을 개선하고 청년에게 안정적인 주거를 공급하는 유형의 리모델링형 사회주택이 국내에 있다. 사회주택에서도 입주자 보증금 미반환 사태는 발생했고, 관련 제도 정비 논의가 이루어지고 있다.

출연한 근황을 알렸다.✱ '집이란 어떤 공간이라고 생각하느냐'는 채널 운영자의 질문에 그녀의 답이 인상 깊었다. "집은 주인의 경험을 반영하는 공간 같아요. 저는 새로운 경험을 할 때마다 그걸 잊지 않으려고 집에 펼쳐놓거든요. 그러니 집은 경험할 때마다 계속 변모하는 공간이기도 하죠."

✱ 하정 씨의 집은 유튜브 채널 '자취남'에서 '한 번은 살아보고 싶은 10평 복층집'으로 소개됐다.

존재감이 차단됐던,
가족의 집

대학교 기숙사에서 책상이 생겼어요. '내 책상'이라는 건 없이 자랐는데, 언니 둘이랑 한방에서 크면서 책상 하나를 같이 썼거든요. 주로 바닥에 상 펴거나 엎드려서 공부했죠. 고등학교 땐 밤에 끝나니까 학교에서 공부를 마치는 날이 많았고요. 우리 집에서 '왕자님'인 남동생만 유일하게 혼자 방을 썼어요. 부모님이 70대 시골 분들이세요. 옛날 분들이라 아들만 위하셨는데, 그분들 살아온 세상에서는 당연하고 흔한 이야기였을 거예요.

  다섯 살 정도였나? 아빠가 일하는 공장이 이전하면서 전북 군산으로 이사했어요. 거기 큰 공단✱이

✱ 전북특별자치도 군산시 소룡동에 있는 군산산업단지. 군산국가산업단지와 군산지방산업단지로 이루어져 있다. 군산지방산업단지는 서해안 시대의

집은 새로운 경험으로 계속 변모하는, 공간

생겼거든요. 그때부터 쭉 전라도에 살았어요. 좁은 집에 사람은 많고 맨날 티격태격했죠. 부모님은 결국 사업하셔서 두 분 다 바쁘셨고, 우리는 먹는 걸로 네가 먹네 내가 먹네 싸우고 질투하고. 집에 대한 공간적 기억보다는 아무것도 아니었던 내 존재가 생각나네요. 언니들은 기가 셌고 아래는 왕자님이고, 중간에 껴서 눈치만 보느라 조용히 컸거든요. 어느 날은 부모님이 남동생한테만 컴퓨터를 사주셨는데 언니들이 따지니까 이런 대구를 하셨어요. "너희들이 내 제사 지내줄 거야?" "너희는 시집가면 그만이잖아." 이런 말 실제로 못 들어봤죠? 옛날 드라마에나 나왔던 대사잖아요. 그런 이유로 우리는 한방에서 책상까지 나눠 쓴 거예요.

생존하려면 공부를 잘해야 한다고 생각했나 봐요. 말도 잘 듣고, 학교에서 성적 상도 받고 글짓기 상도 매번 타는 편이었거든요. 그런데도 나는 뭔가를

중심 공업기지 건설을 통한 공업화 촉진으로 지역 경제 활성화를 목적으로 조성됐다. 1978년 전용 공업단지로 지정되어 1992년 준공, 1978년 지방공업개발 장려지구로 지정됐다.

잘한다거나, 커서 어떤 사람이 될 수 있다는 생각 같은 걸 못 했어요. 아버지 상사 자식의 글짓기 숙제도 대신해서 배달까지 했거든요? 그런데도 아버지나 엄마한테 도와줘서 고맙단 말도 못 들어 봤어요. 재능을 인정받는 건 언감생심이었죠. 칭찬 한마디만 들었어도 '내가 가족을 위해 뭔가를 할 수 있구나' 하고 뿌듯했을 텐데… 눈앞에 문제 해결에만 급급하게 사셨나 봐요 우리 부모님은. 딸들이 뭔가 잘하는 건 대수롭지 않게 여기셨거든요. 제 미래에 관심도 없으셔서 대학도 장학금 받을 수 있는 곳으로 얼른 간 거예요. 혹시 안 보내 줄까 봐요. 그래도 대학 때 용돈은 부족하지 않게 주셨어요.

가족으로 경험한 집은 저한테 그런 느낌으로 남았어요. 내 물건은 뭐든 갑자기 치워져 버릴 수 있고, 존재감이랄 게 없는 곳. 그런 자각도 반대 경험 후에 생긴 거예요. 대학 기숙사에서, 아무도 내 물건을 치우지 않는 곳에서 깨달았거든요. '나는 집에서 내 공간이라고는 가져본 적이 없구나.' 책상에 뭔가를 놔둘 수 있고, 방 어디든 내 물건을 내버려둘 수 있는 게 저한테는 새로운 경험이었어요. 2인실에서도 4인실에서도, 남의 물건을 누가 막 치우겠어요. 당연한 사실에 저만 충격 먹었던 거죠. 각지에서 온 친구들을 보니까 또래라고 다 나처럼 자란 건 아니더라고요. 부모한테 반발심이 생기기 시작했어요. 공간의 주인이라면 아무리 좁거나 후진 공간이라도 스스로 존재감이라는 게 있고 그 안에서 결정권을 가지기 마련인데, 저한텐 어떤 결정권도 주어진 적이 없거든요. 책상에 연필꽂이 하나 맘대로 놓질 못했어요. 가족과 떨어지고 비로소 우리 집을, 거기서 내 위치나 부모님 행동을 다시 보게 됐죠. 방학에도 집에 잘 안 가게 됐고요. 정붙일 내 공간 하나 없는 집이 그립지 않았거든요. 가족의 영향을 더는 받지 않으려고 혼자 살 결심을 했고, 부모님 돈은 안 받기로 다짐했어요.

'3단 플라스틱 수납장'이 부서질 때까지

서울에서 직장을 구하면서 어느 고시원에서 자취를 시작했어요. 고시원은 보증금이 필요 없잖아요. 가진 돈으로 첫 월세를 낸 게 30만 원 정도였나? 정확하진 않지만 시설이 너무 가혹하진 않았어요. 정확한 연도도 이젠 가물가물하네요. 사무실에 담배 연기가 자연스럽고, 토요일도 출근하던 시절 사람이거든요 제가.(웃음) 첫 월급이 120 아니면 150이었을 텐데, 3개월 정도 모으고 부족한 돈은 저보다 여유 있는 친구들한테 조금씩 빌려서 보증금을 만들었어요. 200~300에 30짜리 옥탑방으로 옮겼거든요.

거기 나 혼자인 거, 내 공간이 있다는 게 표현할 수 없이 참 좋았어요. 누군가한텐 작고 후진 공간이겠지만, 내 싱크대에 화장실까지 있는 집이라니. 옥탑 뷰도 끝내줬거든요. 온도에 극히 민감하고 처량한 생활이어도 20대엔 즐겁고 재밌고. 그때 계단이 무슨 문제겠어요.

처음으로 산 가구는 3단 플라스틱 수납장, 뭔지

알죠? 그걸로 살림 시작해서 이사 때마다 소중히 챙겨 다니다가 결국 부서져서 버렸어요. 동네 작은 생필품 가게에서 산 건데, 요즘은 다이소와 온라인몰이 모든 생활용품 시장을 휩쓸지만 그땐 동네에 그런 가게 꼭 하나씩은 있었거든요.

첫 회사가 정말 극한 직업이었어요. IT회사에서 사회생활을 시작했는데 규모가 크지 않아서 온갖 일을 다 했거든요. 개발자랑 디자이너가 따로 있어도 제가 약간씩은 각 업무를 할 줄 알아야 하는 처지라서요. 그건 그렇다 치고, 잠 못 자는 게 고역이었어요. 주 거래처가 일본, 미국인데 소통하는 것도 주 업무였거든요. 거래처 시간에 맞춰서 소통하니까 시차 때문에 살 수가 없었어요. 한국이 휴일이어도 거래처가 휴일이 아니면 못 쉬고, 야근 수당 같은 거 제대로 챙겨 주던 시절도 아니고, 하루이틀도 아니고 계속 그렇게 일하니까 건강이 좋을 수가 없죠. 그래도 일 때문에 내 공간이 있다는 사실 하나로 위안이 돼서 죽어라 2년을 버텼는데 결국 건강 문제로 퇴사했어요. 그렇게 몸 닳으면서도 퇴근하면 혼자 대자로 뻗을 공간이 있다는 게 안정감을 주더라고요. 인생에 내 공간 하나는 반드시 필요하다는 건 확실히 알게 됐어요.

그리고 오피스텔 원룸 살았을 거예요. 500에 30짜리. 드라마 주인공들 집처럼 멋진 공간은 당연히 아니지만 엘리베이터 있는 고층 건물이라 보증금이 오른 거죠. 하하. 그 집 살 때는 빵집 사업을 벌였어요. 첫 회사랑 비슷한 일도 피하고 싶었거든요. 억지로라도 경력을 잇거나 더 채울 만큼 스스로에 대한 욕망이 없으니까, 완전히 새로운 걸 한 거예요. '한 번 해보자' 마음이었던 거 같아요. 집에서 아무것도 아닌 애로 자라서인지 늘 무엇이든 해도 된다고 생각하고 살았거든요. 아무 맛도 없는 물이 어디로든 흘러갈 수 있는 것처럼요.

제과제빵 학원부터 등록하고 1년 빡세게 다녔어요. 이러나저러나 여유 부리는 성격은 못됐거든요. 늘 빵 만들 생각으로 집에 돌아오고, 와서도 계속 빵만 만들고. 빵집 기사 보조로 취직했을 땐 첫차 타고 출근하면 거의 12시간 일하고 저녁까지 먹고 퇴근했어요. 그런데 월급은 50만 원이었고요. 그때만 해도 빵집이 도제식 운영이었거든요. 노동력을 쓴다기보단 기술을 가르쳐준다는 마인드고요. 월급이 너무 말이 안 되니까 도저히 계속할 수 없어서, 그래서 직접 차린 거예요. 동업자랑 같이 맨땅에 헤딩하듯 처음부터 시도했고, 결론적으로 잘 안됐고요. 애초 자금 투자를 많이 못했거든요. 해보기 전엔 몰랐던 거예요. '매출이 안 나오는 날들도 있구나!' '버틸 자금이 어느 정도는 필요하구나!' 사업 실패로 교훈과 재미는 충분히 얻었는데 돈이 너무 없어져서 다시 회사를 다녔어요. 비싼 경험이었고, 좌절은 안 했어요. 이것도 제 성장 과정의 장점이라고 여겨요. 애초에 대단한 걸 꿈꾸지 않으니까 실패의 두려움도 없고, 다시 '0'부터 시작한 들 타격감이 없어요.

직장 생활하면서 몇 번 이직했고, 마지막 회사 경험은 참 좋았어요. 교육 콘텐츠 회사에서 서비스 기획을 맡아서 전에 경험한 온갖 일이 다 도움 됐거든요.

비용이랑 수익 예측도 없이 사업을 벌였다가 실패한 게 특히 많이 도움 됐고요. 규모가 250명 정도 되는 꽤 큰 중소기업에서 우수 사원으로 뽑히고, 연봉도 제일 높게 찍었어요. 일할 맛 참 났죠. 그렇게 회사 다닐 땐 위치랑 가격만 얼추 맞는 고만고만한 집들로 옮겨 다닌 거예요. 집에 대한 무슨 취향이나 목표도 없었거든요. 원하는 그림도 없었거든요. 너무 허름해서 영화 「소름」 배경처럼 으스스한 아파트 월세도 살고, 옛날 양옥집 2층도 살았어요. 양옥집은 꽤 아름다웠는데 1층 집주인 가족이 불편했어요. 세입자 입장에서 뭔가 늘 눈치 보이고 답답한 마음이었던 기억만 남았네요.

한국을 떠나고 찾은 질문, 집이란 무엇인가

사귀던 사람과 외국으로 나갈 계획이었어요. 근데 사람 일이 계획대로 되지는 않잖아요? 집도 회사도 다 정리했는데 틀어져버렸어요. 그땐 저도 멘붕이 꽤 왔는데 눌러앉기는 또 싫었고요. 때마침 친한 친구가 1년짜리 캠프힐 자원봉사 프로그램을 추천해서 여러 생각할 것 없이 지원한 거예요. 수락 떨어지자마자 훌쩍 떠나서, 1년을 보냈고요.

  캠프힐은 각국 자원봉사자들을 받는 장애인 공동체에요. 저는 아일랜드로 갔고요. 단체에서 구매한 교외의 집들이 지역에 여러 채 있고, 그 집에 원주민인 장애인이랑 임시 거주자인 자원봉사자들이 같이 살면서 일하면서 생활했어요. 공동체 자체가 집이면서 생산도 하는데, 작은 사회나 마찬가지거든요. 중요한 건 우리가 같이 사는 곳이 시설이 아니라 집이라는 거고, 저같은 봉사자 두 명과 원주민인 장애인이 같이 정말 집다운 집에서 살았어요. 목장, 농장, 빵집 등등에 배치돼서 서로 안전한 환경에서 일하면서 지켜보고 서로 돕고요.

  엉망일 거 같죠? 전혀 그렇지 않아요. 일터는 잘만 돌아가고, 집은 다들 기가 막히게 아름답게 잘해놓고 살아요. 가구는 다 원목에, 침구도 정말 폭신폭신했어요.

누가 거주하든 정서에 좋은 영향을 주도록 꼼꼼히 설계된 결과라고 하더라고요. 생활의 모든 요소가 원주민과 봉사자를 차별하지 않고요. 마을에서 채소를 직접 기르기도 하지만 작더라도 집마다 유리 온실에서 식물 돌보고, 동물도 같이 사는 게 거기선 당연한 일상이에요.

'사는 환경이 좋아야 된다'는 게 단체가 중요시하는 가치래요. 그래야 행복하고, 안정을 취할 수 있다고. 그 시절이 없었다면 지금의 내가 있을까, 가끔 생각해요. 처음 해보는 집 경험에 영향을 많이 받았거든요. 책상 하나도 없이 자랐던 집을 떠나고, 이후로 여러 번 내 집을 구했다고 해도 집의 주인으로 저 자신을 중요하게 생각해보진 못했어요. 소유로만 기준을 삼으니까 늘 '남의 집'이었거든요. 내가 아무리 살아도 빌린 집은 남의 집, 중요한 건 언제나 '돈을 안 쓰는 거.' 그러니 이사 말고는 할 수 있는 게 없었던 거죠. 뭐 하나 바꿔서 살 줄 모르니까요. 집을 돌보는 기본적인 일을 캠프힐에서 다 배웠으니까, 제가 봉사자로 갔다가 오히려 사는 방법을 거저 얻어 온 거죠.

집을 바꾸고
일도 바꾸고

한국에서 다시 집을 구한 게 2012년 봄인가 보다.
귀국하고 임시로 친구 집에 머물다가 놀러 간
원서동에서 집을 구했어요. 반했거든요. 오래된 동네라
옛날부터 자연스럽게 생긴 작은 골목이 곳곳에 있고,
옛날 목욕탕이랑 오래된 미용실도 있고, 낮고 작은
건물들이 옹기종기 붙어 있는 게 보기 너무 좋았어요.
집이 많지는 않아서 어렵게 구했고요. 3천에 50짜리,
직접 도배하고, 싱크대 가구 문짝 칠도 바꿨어요. 월세
세입자한테는 집주인이 도배해줘야 한다는데 70~80대
할아버지 할머니 집주인이 그런 건 싹 무시하셔서…
직접 한 거예요.✿ 안 해준다고 내 집을 그대로 둘 순

✿ 민법(제623조, 임대인의 의무)은 임대차계약시 공간에 대해 비교적 높은

없으니까. 스스로 조금씩 고치고 바꾸면서 산 게 7년, 집주인 할머니가 병원에 입원하시면서 집을 뺐어요. 같은 동네에서 집을 또 구했고요.

원서동에서는 집에서 한 일이 많아요. 짐 풀자마자 블로그 글로 책을 내자는 제안이 와서 책 냈고,✿✿ 그 경험을 계기로 또 무슨 일을 벌일 수 있을까 궁리하면서 일을 만들었어요. 사무실 칸막이 안에서 하루를 다 보내고 싶지 않은 마음이 확고했거든요. 소젖 짜서 버터 만들고 빵 만들고, 가드닝하면서 사는 걸 1년 하고 오니까 계속 몸을 쓰고 손으로 뭔가를 짓는 일을 하고

수선 비용의 경우 그 부담 의무를 임대인에게 부담한다고 정하고 있다. 예를 들어, 형광등이나 스위치처럼 사소한 교체 정도는 임차인이 알아서 하는 것이 보통이지만, 도배장판의 경우 임대인의 의무로 본다. 다만 민법 제 309조에 따르면, 전세권자의 경우는 공간의 현상을 유지하고 통상 관리에 속하는 수선에 의무가 있다고 예외 조항을 두고 있다. 이때 전세권자는 등기부에 전세권을 설정한 임차인을 말한다. 전세권 설정을 한 전세 계약자 경우에는 도배처럼, 사소한 부분이 아닌 경우에도 그 비용을 스스로 부담해야 한다. 현실에서는 전세권 설정을 하지 않고 전세 계약자로 사는 경우가 대부분이다. 전세권 설정을 하지 않은 전세 계약자는 도배 비용을 임대인이 부담하는 것이 맞다. 그러나 통상적으로 도배 비용에 대해서 '전세는 임차인이, 월세는 임대인이' 부담하는 관행이 있다.
✿✿ 하정, 『이런 여행 뭐, 어때서』, 에디터, 2012

싫었어요. 마지막 회사로 되돌아갈 기회가 왔을 때 과감히 포기했고, 늦었지만 저한테 맞는 일을 진지하게 찾기 시작한 거죠. 이것저것 단기 아르바이트로 생활하면서요.

  시작은 캘리그라피 가르치는 일이었어요. 그림 그리길 어릴 때부터 좋아해서 손으로 꾸준히 뭔가 그렸거든요. 회사 다닐 때 주말 취미로 배웠고요. 블로그로 수강생을 모집했더니 꾸준히 신청이 들어왔고, 그중엔 책 독자도 있었어요. 책 써서 돈은 못 벌었지만 그렇게 연결된 거죠. 그러던 어느 날 출판사 쪽에서 캘리그라피로 표제를 써달라는 요청이 들어왔고, 한 번 일을 하니까 계속 들어왔어요. 캘리그라피 강습은 3년 정도 하다가 그림으로 넘어갔어요. 색연필로 매일 한 컷 그림을 그려서 블로그에 올리고, 점점 더 많이 그리고 도구도 늘려가고, 그림 수업을 열었고요. '할 수 있는 만큼 가르칠 수 있다' 주의거든요.(웃음) 집 프린터로 그림엽서를 출력해서 동네 카페 앞에 매대 펴고 1천 원씩에 판매도 했어요. 그러다 일러스트 외주도 들어왔고, 어느덧 그림 쪽으로 주로 일하게 됐고요.
그사이 책도 몇 권 더 썼고, 출판사 차린 지는 벌써
5년이네요.

 따지고 보면 마흔 넘어 또다시 '0'부터 일을 시작하는
중이에요. 출판업으로 먹고사는 게 목표이고요.
성실한 건 자신 있는데, 대단히 성공하지도 망하지도
않으면서 어찌어찌 가네요. 돈을 많이 필요로 하진
않아서 그 걱정을 안 하고 일하다 보니, 제 돈 문제를
대신 걱정해주시는 분들도 있긴 해요. 인생이 돈 때문에
괴로웠던 건 전세사기가 처음이네요. 그건 '0'으로
돌아가는 게 아니고 하늘에서 엄청 큰 마이너스가
갑자기 뚝 떨어진 사건이거든요. 삶 자체가 끔찍해지는,

강원도에서 서울까지
택시 타고 나타난 집주인

층간소음 때문이었어요. 윗집에 층간소음 유발자들이

왔거든요. 시기도 기억해요, 2021년 12월이었어요. 코로나 때라 집에서 일을 하는데, 와… 애들 넷이 종일 뛰는 집 아래층 살아보셨어요? 정말 미쳐버려요. 귀가 잘 안 들리고 이상해질 정도가 돼서 참다 참다 조심해달라고 공손히 요청했는데 어른들이 안하무인으로 나오시더라고요. 어떡하겠어요. 도망가듯 급히 이사할 집을 구하게 됐죠. 오래 끌수록 저만 힘드니까. 도무지 여유 있게 집 볼 상황은 못 됐고, 두 번째 집은 갱신한 계약 기간도 못 채우고 나온 거예요. 좋아서 10년째 살던 동네를 멘털까지 엉망으로 떠날 줄은 몰랐는데.

 살던 동네부터 점점 넓혀서 집을 찾다가 서울 끄트머리 지역에서 이 신축 빌라를 보고 정했어요. 꼭대기 층 집이었거든요. 층간소음이 원천 차단된다는 사실만으로도 해방감이 들어서 고른 거죠. 2022년 4월 이사했는데, 전날까지도 종일 소음에 시달려서 이사하자마자 편했어요. 오래된 집만 살다가 새집 사는 것도 꽤 좋았고요. 옥상도 쓸 수 있고, 주차 문제도 없고,

엘리베이터도 장애인용이라 큼직했어요. 마감 소재도 맘에 들고, 꽤 정성 들여 지은 건물이었거든요. 오랜만에 따로 인테리어 할 필요가 없었죠.

  집주인이 정말 인상적이었어요. 계약 날 강원도에서부터 택시를 타고 왔거든요. 다리를 다쳐서 깁스를 했다면서. 도대체 택시비가 얼마였을지⋯ 놀랄 만하지 않아요? 너스레도 어찌나 잘 떨던지, 갑자기 명함까지 건네고 그랬거든요. 꽤 유명한 국제 봉사활동 단체의 지역 회장 직함이 박힌 거에 좀 안심했던 기억이 있어요. 그걸 노렸나 봐요. 집주인이 등록된 임대사업자이기도 했고요. 먼저 살던 신혼부부가 아파트 청약이 됐다면서 저보고 운 좋은 집에 들어오는 거라고, 돈 많이 벌어서 더 좋은 집 가라고 했어요.

  보증보험은 부동산 중개인이 강력하게 권유해서, 사용할 일이 없길 바라면서 가입했어요. 근저당 9천만 원 잡혔던 건 싹 정리하고 들어왔고요. 저도 대출해야 하니까요. 근저당 또 설정하면 계약 해지한다는 특약까지 걸었으니까 임차인 입장에서 할 건 다

하고 계약한 거예요. 보증금은 매매가랑 같은 2억 6천이었는데 어차피 시세가 다 그랬고요. 오히려 전세 보증금이 매매가보다 높은 경우도 꽤 있었는데 그 정도면 선방이었어요. 부동산도 같은 의견이었고요. 계약하고 바로 확정일자 받고, 전입신고도 문제없이 했어요.

전셋집에 근저당이 잡혀도 임차인은 '몰라도 되는' 현실

입주한 지 딱 2개월 만에 새로 9천만 원 근저당이 잡혔더라고요. 은행에서 전화로 알려주니까 알았지, 안 그랬으면 몰랐을 거예요. 누가 이사 2개월 만에 등기부 떼겠어요. 진짜 웃긴 일이죠. 집주인이 집 담보로 대출하면 세입자도 위험해지는데, 이걸 알릴 의무가 없다는 게요.

 부동산에 알아보니까 집주인이 사업차 급전이 필요했다면서 바로 없앤다고 했다더라고요. 완전히 믿을 순 없지만 바로 계약 해지하기도 현실적으로 무리였어요. 집 정리 막 마치고 동네 파악 좀 해볼까 하다가 새로 집을 알아본다는 게…. 그래서 이사 생각은 일단 접었는데 1년 후 이사 이슈가 생겼어요. 일하기 안 맞는 위치더라고요, 살아 보니까. 지역 출장이 잦은데 버스 터미널도 기차역도 너무 멀었거든요. 서울이 그렇게 큰 줄 계약할 때까지도 몰랐어요. 서울에서 오래 살았어도 회사 근처 살거나 집에서 프리랜서 했잖아요, 원서동 살 땐 놀아도 거의 우리 동네로 사람들이 오겠다고 해서 다른 동네 갈 일이 별로 없었어요. 일찍 집 내놓겠다고 집주인한테 전달했고, 집주인도 여전히 나긋나긋하게 알았다고 했고요.

  생각보다 집이 오래 안 나간다고 생각할 무렵에 은행에서 또 연락이 왔어요. 이젠 아예 집에 가압류가 들어왔다고요. '이게 뭔 소리야!' 했죠. 집주인은 연락 두절이었고요. 그때부터 혼자 이리 뛰고 저리 뛰고 난리가 났죠. HUG 쪽에 보험금 반환을 문의하니까 집주인이랑 계약 해지하고, 보증금을 못 받게 된

후에, 다음 수순을 밟으라고 안내하더라고요. 나는 집주인이 행방불명인데! 기다리는 거 말곤 할 수 있는 게 없더라고요. 보증금 못 받을 걸 뻔히 알면서 계약 끝나고, 유예 기간까지 대출이자 내면서요. 집주인이 준 명함이 떠올라서 연락해봤는데, 가짜였어요. 이미 3년 전에 돈 문제로 단체에서 제명된 사람이라고⋯. 회원들한테 돈 빌리고 튄 것도 모자라서 여기저기서 사고를 많이 쳐서 유명하더라고요. 그러고는 옛 명함 계속 뿌리고 다닌 거죠. 기막히다고 이렇게 웃는 것도 지금이지 그땐 가슴이 답답해 터지는 줄 알았어요.

  오죽 답답했으면 심부름센터까지 알아봤을까, 도저히 그냥 기다릴 순 없고, 상황은 '강원도에서 집주인 찾기'가 됐고. 내가 무슨 'PD수첩' PD도 아닌데 말이죠. 도망 중인 건지, 옛날에 누가 고소해서 수배 중인 건지, 아니면 철창에 들어갔는지 아무것도 알 수 없었어요. 집주인 지역 경찰서에 문의해도 개인정보보호법 때문에 알려줄 수 없다고 고소부터 하라는데, 아직 계약이 안 끝났으니 고소할 수가 없고. 네이버에 '사람 찾기'

검색해서 업체 중에 좀 덜 무서워 보이는 광고 보고 연락했더니 착수금만 100만 원 부르더라고요. (사람) 찾고 나면 추가되는 비용은 300만 원 정도라고 했고요. 경찰도 안 가르쳐주는 걸 어떻게 찾는 건지 물어봤는데 '그냥 무조건 찾는다'고만 해서 수상쩍었고, '비싸서' 못 썼어요. 그리고 완전히 정신이 나가버렸고요.

'죄책감 덩어리'가 된 집을 벗어나는 험난했던 과정

집이 죄책감 덩어리가 됐거든요. 나갈 수도 없고 있을 수도 없고. 집에 있으면 집 구할 때 거친 단계 단계를 떠올리면서 내가 '안 한' 게 뭐였는지 끊임없이 생각하는 거예요. 끊임없이 과거로 돌아가서 스스로를 자책하고 자책하고 계속 자책하는 거죠. '왜 제대로 안 알아봤지?' '명함 받고서 왜 전화를 안 해봤지?' '근저당 다시 잡은 거 알았을 때 바로 계약 파기를 했어야 하는데' 그게 진짜 지옥이에요. 따지고 보면 내가 잘못한 건 없는데.

  우리 다 제도 안에서 움직였잖아요. 가해자가 정밀하게 나를 타겟팅해서 어렵게 성공시킨 사기도 아니고 그냥 대충 망 쳐 놨는데 다들 재수없이 막 걸렸고요. 그 많은 사람이 어디에서 오는 돌인지도 알 수 없이 다 돌을 맞은 건, 그러기 너무 쉬운 구조니까요. 이거 무슨 투자 사기도 아니고, 그냥 들어가 살 집 구하는 거잖아요. 제도가 너무 쉽게 사기칠 수 있게 되어 있고, 그래서 사기당하기 쉽고.

  일을 거의 못 했죠, 정신 나가서요. 프리랜서는 의욕으로 일하는 사람들이잖아요. 일하려고 이사한 집인데 의욕이 사라져서 사무실도 못 가, 일도 못 해…, 보증금 상당 부분이 대출인데 이자율까지 오르는 시기라 생에 가장 비싼 월세 내면서 지옥 같은 집에 있었어요. 사는 게 사는 게 아니었죠.

  그나마 친구들 덕분에 조금씩 회복했어요. 9월쯤 지리산으로 갔거든요. 거기서 숙박업 하는 독자가 초대해줘서요. 먹지도 나가지도 못하는 집에 갇혀만 있는데, 나아질 것도 없고. 머리나 식히자 싶어서 키우는 고양이 데리고 한 달 살기 갔어요. 거기 친구들 사는 모습 관찰하면서 지냈고요. 시골집에 저 말고도 지역에서 왕래하는 친구들 왔다 갔다 하는 거 보고요. 카페 하는 사람도 있고, 숙박업 하는 친구도 있고. 다들 자기 일 일구면서 작게라도 자리잡고 사는 걸 보는 게 희한하게 위안이 되더라고요. 현실에서 잠깐 빠져나와서 친구들 보살핌도 받고, 자연 속에서 머리도 식히다 보니까 서서히 정신이 돌아왔어요. 그런 생각이 들더라고요. '서울은, 도시는, 너무 아득바득 살아야 해서 사람들이 서로 속고 속이는 건가?' 어느 날은 한 커플이 마당에 자갈을 깐다고 해서 저도 돕고 같이 밥도 먹고 밤에는 마당에서 별 보는데 문득 '빚이 있다고 죽는 건 아니다. 그냥 살면 된다' 싶었고요. 저도 모르게 마음이 놓여서 집으로 돌아가서 다시 일을 시작했어요.

집은 새로운 경험으로 계속 변모하는, 공간

교도소로 찾아갔다,
계약 파기를 위해

어느 날 등기 우편 하나가 충남의 한 부동산에서 왔어요. 뭔 일이 또 터졌구나, 걱정하며 펼쳤는데 집주인 채권자가 보냈더라고요. 집을 가압류 신청한 그 사람이죠. 세입자인 저는 어떤 상황인지, 보증보험은 들었는지, 이사 나가고 싶은지 이런 내용을 알고 싶다고 연락처까지 적어 보내셨더라고요. 집주인 채권자가 임차인 걱정을 하는 거죠. 그분도 제가 사는 집을 처분해야 집주인한테 떼인 돈을 조금이라도 건지는 거고요. 덕분에 집주인 소재를 알았어요. 이미 수감 상태였고요. 여러 집을 담보 잡아 이리저리 빌린 돈이 100억 원대더라고요. 공문서 사문서 위조는 말할 것도 없고 가족들도 가담했고요. 채권자 아저씨 통해서 어쩌다 집주인이 사기 친 집 목록을 봤는데 최소 10개는 됐어요. 전세 계약을 월세라고 속이고 돈을 못 갚으면 월세로 대신 받으라고 뻥친 것도 있고요. 무슨 아침

드라마가 아니라 제 이야기예요.

 임대차계약 해지 동의서 받으러 교도소 면접실로 갔어요. 영화에서나 봤지 실제로는 처음인데, 거길 초면인 채권자 아저씨랑 같이 간 거예요. 그 아저씨도 발을 동동거리는데 참 안됐고, 고맙기도 하고…. 그분이 면회 신청하고 저를 동행해준 거거든요. 계약 파기 조건으로 또 돈 요구를 할 수도 있다고 혼자 들어가면 안 된다면서.(웃음) 그 와중에도 집주인은 어찌나 낯짝이 두꺼운지, 제가 왜 왔는지 이미 알고는 "해지 동의서 써주는 대신" 탄원서 한 장 써 달라는 부탁을 하더라고요. 다른 피해자들도 줄줄이 부동산 계약 해지서를 받아 간 다음이라면서. 소설로 써도 참 '웃길' 장면들이었어요. 잊을 수가 없죠.

 보증금은 아직 돌려받는 과정이에요. 온갖 서류란 서류는 다 준비해서 제출한 지 한 달 됐어요. 한 달이면 원래는 전세금 돌려받는다는데, 3개월까지도 걸릴 수 있대요. 전세사기가 너무 대규모로 터지니까 HUG도 사건이 너무 많아서. 대출이자 계속 나가는 건 어쩔 수 없어도 저는 한시름 놓았죠. 보증금만 돌려받으면 바로 나갈 거예요. 이 집에서 하루도 더 머물고 싶지 않거든요. 전세는 다시 못 가겠고, 그냥 안전한 집으로 가고 싶어요. 안전하기만 하면 다 괜찮을 거 같아요.

삶이 궤도에 올랐다 여긴 순간에

김승현

김승현

1990년 전북 부안에서 태어났다. 군인 아버지 부임지를 따라 경기도, 강원도 지역을 옮겨 다니다가 아버지의 전역 이후 가족이 서울로 이주했다. 구로구의 방 두 개짜리 20평 정도 빌라에서 초등학교 2학년 때부터 고등학교 졸업 때까지 살았다. 전남 쪽으로 대학을 진학해 4년 내내 기숙사 생활을 했다. 사립학교 교사로 진로를 계획했으나, 관련 임용 정책이 바뀌면서 임시로 프리랜서 은행 개발자로 취직했다. 그와 동시에 경제적으로 독립했다. 은행 도보 7분 거리 원룸을 처음 구할 때 카드론으로 보증금을 마련했다. 임대인 중대 과실로 보증금 빚을 갚자마자 계약을 파기하고 이사했다. 두 번의 월셋집과 사택을 거쳐 아파트 전세를 들어갔다. 그때까지 은행 경력을 이어가며 결국 은행 정규직이 됐다. 서울에 있는 인터넷전문은행으로 이직하며 경기 부천에서 전셋집을 새로 구했다. 1년쯤 살다가 시흥 쪽에서 아파트 청약에 당첨됐고, 4개월 뒤 전세사기 당한 사실을 인지했다. 채무조정 지원을 받아 피해 주택을 직접 낙찰받았다.

1, 2, 3, 4, … 한 자릿수를 넘긴 번호가
20번, 30번대로 가면서 휙휙 넘어갔다.
분양 관계자 말대로 추첨장에 안 온
사람이 의외로 많다 싶더니 뒷번호로
가는 속도는 더 빨라졌다. 어느새 50번을
넘긴 호명이 승현 씨 손에 쥔 번호와
가까워질수록 심장 박동이 빨라지더니
마침내, 70번이 불렸다. 3년 후, 내 집,
아파트를 동 호수까지 직접 뽑기로 확정한
그날은 감회가 참 새로웠다. 큰돈이 계속
나갈 3년의 계획을 짜는데도 마음만은
가벼웠다.

  승현 씨는 비교적 안정적으로 자랐다.
넉넉하지 않은 성장기를 거쳤지만
가난하지도 않았다. 부모님과 누나와

20평 남짓한 투룸 빌라에서 11년을 쭉 살 수 있었다. 부모님은 풍파를 겪으시고도 묵묵히 양육의 책임을 다하셨고, 최대한 지원하셨다. 직업군인을 그만두고 상경해 자영업을 꾸리자마자 곧 중소기업 생산 노동자로 전업한 이유가 '퇴직금 사기'였던 사실을 최근에야 이야기하신 분들이었다. 그런 두 분을 승현 씨도 크게 걱정시키는 일 없이 자랐다.

어릴 때부터 컴퓨터를 좋아했고, 일찍이 프로그래밍 학습에 관심을 보였다. 아버지가 받아오신 486 컴퓨터에서 시작된 피시 게임에 대한 흥미를 동네 피시방의 탄생과 함께 발전시킨 그였다. 무엇을 더 배워야 할지, 어떤 진로가 있을지

스스로 고민하며 현실적으로 미래를
설계해나갔다. 성적과 진로 계획에 맞춰
전략적으로 대입 지원을 했고, 전남 지역
대학교의 컴퓨터학과로 입학할 수 있었다.

 압도적으로 저렴한 기숙사에서 살았다.
자취도, 자취만큼 비싼 신식 기숙사도,
바퀴벌레 천국인 구식 기숙사도 제외하고
남은 유일한 선택지다. 4년 내내 그
안에서 대학 생활을 경력처럼 쌓았다.
국가근로장학생으로 학과 컴퓨터 관리를
맡은 후로 학과장님은 첫 직속 상사나
마찬가지였다. 성실하고 꾸준하게 일했다.
원래의 취업 계획이 틀어졌어도 사회
생활을 바로 시작할 수 있었던 건 그 경력
덕분이다. 학과장 쪽으로 프리랜서 은행

개발자 구인 문의가 왔고, 승현 씨가
추천됐다.

  첫 집은 실패였다. 스르륵 본 원룸은
이사 첫날부터 문제였다. 한 번 틀어보지도
않았던 수도가 말썽이었다. 제때제때 일
처리를 안 하는 집주인 때문에 피해는
승현 씨가 다 보고, 몇 번의 월세를 날렸다.
'집을 본다'는 게 어떤 행위인지 교훈을
얻었고, 두어 번의 원룸 집을 더 살았다.
그 사이 직장 근무 조건이 올라가고, 몇 번
더 이사를 하며 근무 조건이 더 올라갔다.
그 은행에서 프리랜서 임시직이 정규직을
단 경우는 승현 씨가 처음이다. 조건이
올라갈수록 월급이 줄어드는 희한한
'형평성'이었지만, 올라간 대출 능력으로

월셋집은 졸업했다. 곱게 낡은 30년 된 아파트에서 첫 전셋집을 경험했다.

인터넷전문은행 시대가 열리자마자 '성공적으로' 서울로 되돌아왔다. 학벌도 백도 없이 어느덧 "위로 거슬러 올라온" 승현 씨는 수도권에서 무려 '쓰리룸' 집을 구했다. 코로나 시대에 시작된 본격 재택근무를 화장실이 두 개나 있는 쾌적한 집에서 할 수 있었다. 안정적 연애를 시작했고, 연습 삼아 넣어 본 아파트 청약이 예비 당첨에서 당첨으로 덜컥 확정됐다. 지출 계획의 청사진이 즐겁게 그려진 데는 꾸준히 체감한 상승세가 있었다. "어떤 궤도로 진입을 상상할 수 있는 단계"에 들어섰다는 느낌이 확정되기 전, 그러나 승현 씨는 집에 압류가 걸린 사실을 알았다.

　세금 체납을 해결할 거라던 임대인 말과는 반대로 사건이 흘러갔다. 압류 해소는커녕 가압류가 추가됐고, 점점 더 승현 씨에게 손 쓸 도리가 없어졌다. 선순위 임차권 지위도, 계약 때 설정한 전세권도 진짜 문제 상황에서 그닥 유용한 카드가 못 된다는 사실을 그때 알았다. 믿었던 감정가는 제일 문제였다. 바뀐 현실의 시세에 비해 계약 때의 감정가는 턱없이 높았다. 집이 경매 넘어가도 선순위 임차권자인 승현 씨의 보증금을 다 치루고 낙찰할 사람이 없을 게 뻔했다. 계획된 지출 때문에 마냥 기다릴 수 있는 상황도 아니었다. 결국 보증금 회수를 포기, 피해 주택을 '셀프 낙찰'하기로 결정했다. 경매 입찰 계약금까지 치렀을 때 급제동이 걸렸다. 승현 씨가 이용한 보증금 대출의 보증기관인 SGI에서 사실상 전세보증금과 낙찰 대금을 상계 처리하지 못 하게 '합법적으로' 막고 나선 것이었다. 이 문제로 자칫하면 경매 계약금까지 날릴 위기까지 처한 피해자가 속출했지만, 규모가 작아 좀체 조명받지 못했다.

승현 씨는 직접 언론 기고를 하고, 이 주제에 실낱같은 관심이라도 보이는 국회의원을 접촉하며, 문제를 알리는 데 나섰다. 은행과 협의로 어느 정도 해결을 본 피해자도 있지만, 전세 보증금에 더해 경매 입찰 보증금마저 날릴 최악의 위기에 놓인 경우도 있다.

김승현

거실 중간의 '방'

아버지가 직업군인이었던 시절엔 사택에 살았어요. 부임지 따라 경기도에도 있다가 강원도에도 갔다가. 조그마한 마당 있는 주택에 살았던 게 가장 오래된 기억이네요. 옥상이 평평했어요. 그 집 바로 앞에 있던 아파트로 이사했다가, 그다음엔 15평 남짓한 빌라에도 살았고요. 아버지가 19년 복무 생활을 끝으로 전역하시면서 가족이 서울로 왔어요. 초등학교 2학년 때요.

부모님이 바로 자영업을 시작하셨는데, 언제부턴가 두 분 다 중소기업 생산직으로 회사를 다니셨어요. 그때 이야기를 최근에야 하시더라고요 아버지가. 퇴직금 사기를 당하셨었다고요. 두 분 다 내색 안 하신 게 대단하죠. 갑자기 먹고사는 문제가 생겼을 텐데, 저는 어려운 분위기를 잘 몰랐거든요. 넉넉하진 않았어도 가난하진 않았던 거 같아요.

구로구의 작은 빌라에서 성인이 될 때까지 살았어요. 방은 따로 없었고요. 방이 두 개라 하나는 부모님이, 또 하나는 누나가 썼거든요. 저는 거실 중간에 미닫이문으로 경계만 나뉜 공간을 방처럼 썼죠. 나이순으로 방을 줬나 봐요. 그땐 당연하다고 느껴서 불만 없었어요. 책이나 다른 물건들은 책장에 죄다 끼워 넣고 생활했고, 이불, 옷걸이, 컴퓨터 책상 정도 두고 살았어요. 침대 놓을 자린 없었죠. 조그마한 베란다 옆이라 웃풍이 심해서 추웠는데 중학교 때부터 전기장판을 쓰고 괜찮아졌어요. 너무 극적으로 따뜻해서 '이런 게 다 있나?' 놀란 기억이 있어요.

동네에 생긴 피시방이 인생의 큰 사건이었어요. 컴퓨터 게임을 엄청나게 좋아하게 됐거든요. 원래도 초등학교 다니기 전부터 흥미가 있었고요. 아버지가 부대에서 받아오신 486 컴퓨터로 피시 게임을 처음 했거든요. 고인돌 기억하는 분들 많으실 거예요. 그거

간간이 하면서 피시 게임의 맛을 봤다면 피시방은
신세계였어요. 인터넷이고 온라인 게임이고, 개념도
모르는 걸 피시방에서 다른 사람들 하는 거 옆에서 보고
하나씩 배우다가 재미를 붙인 거예요. 동네 친구들이랑
놀이터나 집 앞에서 놀다가 피시방이 놀이터가 됐죠.
스타크래프트가 그때 나오고 디아블로도 나오고, 다
영어로 된 게임인데도 어찌나 재밌던지 정말 급속도로
빠졌어요. 매일 500원씩 받는 용돈을 거의 피시방에
쓰다가 집에 있는 돈을 슬쩍 훔친 적도 있고요. 크게
혼난 이후로 다시는 안 그랬고, 용돈을 모아서 다녔죠.
개인 컴퓨터가 생긴 게 6학년 때였나? 어느 날
컴퓨터를 공짜로 준다는 광고를 봤어요. TV 광고였는지
전단지였는지, 인터넷 학습 홍보물이었고요.
몇 날 며칠을 조르고 졸라서 컴퓨터를 갖게 된
거예요. 부모님께 공부하겠다는 약속까지 하면서요.
방이 제대로 없거나 갖고 싶은 물건을 거의 못 가져도
집이 넉넉하지 않으니까 그러려니 했는데.

  게임 개발자가 되고 싶었거든요. 하다 보니까 점점

만드는 데 관심이 생기고, 자연스럽게 프로그래밍이란 걸 배워야 한다는 것도 알게 됐어요. 그래서 중학교 때 학원을 다녔고요. 다른 수업은 관심 없는데 학교에서도 컴퓨터 수업만 그렇게 재밌더라고요. 좋아하는 걸 집중해서 배우고 싶어서 정보고등학교로 갔는데 기대랑 많이 달랐죠. 막상 컴퓨터도 자유롭게 쓸 환경이 아니고 전공 외 수업도 너무 많고…. 전공 성적은 거의 1등급이었고, 고등학교 때도 나름 계속 독학했어요. 학교에서 컴퓨터 쓸 기회가 별로 없으니까 생각나는 대로 노트에 코딩해서 집에서 실행해보고 그랬거든요. 공부할수록 프로그래밍이 상당히 어렵다는 걸 체감했던 거 같아요. 누구나 쉽게 진입할 정도의 지식만 있는 상태로 머물 수도 있다는 현실적인 고민이 빨리 들었어요. 안정적인 일자리부터 찾아야겠다는 생각에 전산교사로 진로를 바꿨고, 일하면서 필요에 따라 스스로 개발 공부를 계속 발전시키려고요. 그래서 교직 이수 가능한 학교 찾아서 컴퓨터학과에 입학했어요. 수도권보다 경쟁률 면에서 이점이 있으니까 지방 학교를 노린 것도 있어요.

성적이 별로 안 좋았거든요. 계획형이고요. 그렇게
자연스럽게 부모님 집을 떠난 거죠.

경력처럼 쌓은 대학 생활로 취업 문이 열렸다

교내 기숙사에서 쭉 살았어요. 압도적으로 저렴해서
자취는 생각도 안 했고요. 학기에 100만 원이었는데
없던 에어컨이 중간에 생기면서 30만 원인가 40만
원 올랐으니까, 정말 싸죠. 그래서 부모님이 등록금에
기숙사비를 지원해주시고 용돈도 좀 주셨는데 저도
국가 근로 장학생으로 계속 일했어요. 아파트를 빌려
생활하는 교외 기숙사가 더 쾌적하고 자유로운 편이지만
자취만큼 비싸서 마찬가지로 제외했고요.

　기숙사 중에 두 번째로 오래된 건물에 살았어요.
연식에 따라 교내 기숙사도 세 동으로 구분했거든요.
원룸은 못 되고 0.5룸에 2인 1실이었어요. 움직일
공간이 50cm나 됐으려나? 문 열면 양쪽에 신발이랑

옷장 있고, 들어가면 벽면에 양쪽으로 1인용 침대 있고, 침대 뒤로 책상 하나씩 작은 방에 꽉 차 있는 거예요. 그렇게 좁은데도 동기들 불러 놀다가 벌점이 쌓였어요. 내부인 아니면 출입 금지였거든요. 관리인이 친한 선배 아니었으면 벌써 퇴실당했을 거예요.(웃음) 세탁기랑 건조기가 건물에 하나씩이라 빨래 경쟁이 너무 심했던 것만 빼면 그럭저럭 적응할 만했어요. 지은 지 30년 된 기숙사동에 비하면 청결도 괜찮은 편이었고요. '30년 건물'은 졸업 직전 한두 달 정도 살았다가 기겁했어요. 바퀴벌레 천국이라… 진짜 최악이더라고요.

끼니는 '기식'(기숙사 식당)으로, 생활은 거의 학교 안에서 했어요. 놀러 나갈 돈도 없고, 학과 컴퓨터 관리 맡으면서 학과장님 비서처럼 일했거든요. 따지고 보면 그래서 졸업하고 바로 사회생활도 시작한 거예요. 학과장님 통해서 들어온 은행 프리랜서 직으로 일을 시작했거든요. 선생님 되는 계획이 틀어져서요. 졸업 전에 한 학기를 더 다니는 사이에 제가 노리던 사립학교 임용 정책이 '임용고시 필수' 조건으로 바뀌었어요.

임용고시를 준비할 돈이 필요하니까, 벌면서 하려고 시작한 일이 쭉 직업이 됐어요. 막상 두 개 다 할 수 없는 생활이었거든요. 워낙 야근이 많아서요. 잘한 선택이었던 거 같아요. 취직하면서 독립했고, 꿈꿨던 게임 개발은 아니어도 계속 개발 쪽으로 일하고 있는 게, 어쩌다 보니 쭉 은행 개발자를 하고 있네요.

300에 30만 원, 사회 초년생도 마련할 수 있는 정도의 보증금이어서 독립하는 게 자연스러웠던 거 같아요. 카드론 썼어요. 고이자여도 대출금이 작아서 못 낼 정도는 아니었거든요. 월급이 너무 적지도 않고, 맨날 야근이라 돈 쓸 시간도 없었고요. 3~4개월 동안 나눠 갚으면서 독립이 됐는데, 빚 갚자마자 첫 집을 나오게 됐어요.

'30만 원 월셋집'이
'1억 8천만 원 전셋집'이 되기까지

'눈으로만' 집을 봤나 봐요. 장점이 너무 뚜렷했거든요.

처음이라 뭘 봐야 할지 잘 몰랐는데, 은행이랑 도보 7분 거리에 있는 집이었어요. 은행은 출근 시간이 이르잖아요. 오래된 건물 8층에 복도식 원룸이 쫙 늘어서 있었고요. 방을 대충 훑을 땐 딱히 나쁘지 않았는데 이사하고 물을 틀어보니 물이 쫄쫄 나오는데… 씻기도 어려울 정도로 약한 수압이었어요. 그날로 집주인한테 수압 펌프 교체 요청을 했는데 기다려달라는 말만 3개월 들었고요. 12월 되고 인내심이 바닥났죠. 날은 추운데 물은 계속 안 나오고. 중대 하자 보수 의무 소홀로 계약 파기하겠다고 해도 계속 무대책으로 기다려달라고만 했어요. 결국 다른 집 보고 계약해서 이사 나가기 1~2주 전에 고치더라고요. 그때부턴 물이 터질 듯 나오는데, 이미 다른 집 계약도 한 상태였어요. 사전에 충분히 이야기했고요. 집주인이 계약 해지 안 된다고 버텨서 결국 제 쪽에서 두 달 치 월세 내고 나가는 걸로 합의했어요. 급한 건 저니까. 그렇게 4개월도 제대로 못 산 첫 집으로 나름 교훈을 얻어서 두 번째 세 번째 집은 1년씩 살았어요. 두 번째 원룸은

베란다가 가로수 바로 옆이었는데, 그래서인지 그놈의
벌레가 계속 나와서 옮겼어요. 벌레도 돈 문제더라고요.
300에 30, 500에 40짜리 살다가 갑자기 2000에
60짜리 집을 갔더니 벌레가 안 나왔어요. 좀 규모 있는
오피스텔을 골랐거든요. 원룸은 넓어야 7~10평인데
그 집은 분리형 원룸이라 크기가 두 배는 됐을 거예요.
신용대출 받았어요.

  업체 불러서 청소부터 싹 하고 들어갔어요. 위생을
중요하게 보거든요. 아마 부모님 집에서부터 생긴
기준일 거예요. 벌레가 많았어서, 벌레 안 나오는 집에
살고 싶었어요. 그런데 벌레도 안 나오고 넓은 집에
살게 된 거죠. 대신 옵션이 하나도 없어서 제 돈으로
싸게 세탁기랑 냉장고도 사고, 컴퓨터 책상도 하나
두고, 침대는 없어도 소파도 들였어요. 사택으로 갈 때
그걸 다 중고로 처분하게 됐고요. 계약직이 되고 사택을
받았는데 원룸이었거든요. 사택은 충격적이었어요.
다들 회사 직원이라 깨끗하게 사용할 줄 알았는데
방도 엉망이고, 분리수거도 엉망이고. 입주 청소할

때 '누런 에어컨'에서 시커먼 물이 계속 계속 나오는 걸 봤어요. 청소라곤 모를 거 같은 몇십 년 전 에어컨 있잖아요. 오염된 물이 끝없이 나오더라고요. 담배 찌든 냄새가 벽지처럼 방이랑 거의 일체였고요. 다행인지 불행인지 거기서 반년도 못 살았어요. 신입 행원 줄 사택이 부족하다고 방을 비워주는 직원한테 월세 일부를 지원한다고 했거든요. 나가는 김에 복층 집이 궁금해서 갔다가 에어컨 효율 문제로 전기세에 데고, 그렇게 몇 번씩 집을 나오면서 몸으로 익혔어요. 집 구할 때 뭘 확인하고 뭘 거를지.

  계약직 월급으로는 주거비 부담이 더 크게 느껴졌어요. 프리랜서 때보다 확 줄었거든요. 뗄 거 다 떼니까 월급 앞자리 수가 바뀔 정도로. 그래도 정규직 전환 약속에 희망을 걸고 기다렸고요. 은행에서 호언장담했어요. 1년 후에 정규직 전환해준다고. 그런데 실제로는 무기계약직이 됐죠. 정규직 전환일이 정해져 있는데, 그날 기준으로는 내규상 정해진 계약직 충분 일수가 한 달 모자란다고 전환할 수 없다고 했어요.

말장난도 아니고, 실망감이 컸죠. 퇴사 의사를 밝혔더니 팀장님이랑 다른 책임자들이 나름 방법을 찾아주시려고 노력해주셨어요. 그래서 무기계약직이 됐고요, 사실상 정규직이랑 큰 차이가 없어졌죠. 퇴직금도 쌓이고, 갑자기 짐 쌀 일도 없고요.

 전세를 보기 시작했어요. 광주에 계속 살 생각이었거든요. 운 좋게 아파트를 구했어요. 마침 동료가 사고 싶은 아파트가 있다고 해서 같이 봤거든요. 30년 된 건물도 멀쩡하더라고요. 아파트라 그런지, 바퀴벌레 기숙사도 연식은 마찬가지였는데, 5층짜리 계단식 건물이라 오히려 좋았어요. 방 두 개짜리 집이 거실도 널찍널찍했거든요. 보증금이 1억 8천으로 비싸졌죠. 계약직도 대출은 안정적으로 나오고, 뭔가 단계 단계 밟아 가며 올라간다는 느낌을 받고 싶어서 했던 거 같아요. 원룸, 분리형 원룸, 복층도 살아봤으니까 혼자 고만고만한 오피스텔은 다 경험한 거고, 그다음으로 아파트로 간다는 거. 이 집 할 때 부모님이 거의 평생 모은 돈을 주셨어요. 아들 대출이자

나가는 비용이 아까우시다면서 보태라고요. 부모님 덕분에 이자 부담을 많이 덜었죠.

 계약을 다 못 채우고 이직했어요. 바라던 정규직을 달긴 했는데, 그 과정에서 회사에 실망하고 정이 떨어졌거든요. 형평성 맞춘다면서 은행에서 일방적으로 제 경력에 비해 낮은 급수랑 호봉을 정했고, 월급이 70만 원 줄었어요. 프리랜서에서 정규직 전환 사례가 전에 없어서 어쩔 수 없다고 하더라고요. 그것 때문만은 아니고, 고객센터 쪽에서 정규직으로 전환된 분이 있었는데, 더 심하게 후려쳤다는 사실도 알게 됐어요. 그분은 저보다 나이도 많고 일도 오래 하셨는데. 그렇게 경직된 조직에서 무슨 미래가 있겠나 싶더라고요. 중요한 지점마다 실망할 일 생기고, 호봉제도 저랑은 안 맞고요. 계획대로 교직을 했어도 아마 저랑 안 맞았을 거예요. 업무 능력을 실질적으로 올리면서 보상도 따라가야 저는 일할 맛이 나거든요. 프리랜서에서 계약직으로, 계약직에서 정규직으로 커리어가 오르는데 보상은 계속 거꾸로 갔고요. 마침 인터넷전문은행이 생기면서 그쪽으로 이직했어요. 스타트업은 처우도 합리적이고, 은행 경력도 살릴 수 있고. 그래서 다시 서울로 가게 됐죠.

학벌도 백도 없이 진입한
궤도 앞에 놓여 있던, 전세사기

감회가 새로웠어요. 어느 정도 궤도에 진입하는 걸 상상할 수 있는 단계에 왔다는 느낌이더라고요. 지방으로 내려갔다가 위로 다시 올라왔잖아요. 좋은 학벌도 없이 경력도 집도, 나름 돌파해 온 저 자신이 기특했어요. 수도권에서 어렵게 들어간 집도 더 좋아진 집이었거든요.

집 구하는 게 쉽지 않았던 게, 그때 부동산 가격이 개발자 수요만큼 크게 오를 때였거든요. 회사 근처는 엄두도 못 냈고, 수도권도 엄청 비쌌어요. 출퇴근을 최대 한 시간 반까지 잡고 부천에서 집을 본 건데 주말에 날 잡고 몇 개씩 봐도 가격이 터무니없더라고요. 저는 화장실을 중요하게 보는데, 첫 집처럼 물이 잘 안 나오는 집도 있고, 타일이 부서진 곳도 있었어요. 곰팡이가 너무 심한 곳도 있었고요. 쉽게 물 범벅이 되는 구조의 화장실이 그렇게 되기 쉬워요. 그런 덴 고르면 안 되고요. 하나같이 가격만 높은 게, 대충 15평 정도면 보증금 5천~1억, 월세 80~120 불렀어요. 심난했죠. 그런 집들만 보다가 마지막으로 부동산에서 보여준 신축 집이 맘에 들었어요. 차원이 다른 컨디션이었거든요. 쓰리룸에 화장실 멀쩡하고, 심지어 큰방에 화장실이 하나 더 있고요. 보너스로 주차장도 충분하고요. 보증금이 문제였는데, 안심 전세대출이 가능하다고 해서 정했어요. 부동산이 연결해준 대출 모집인이 HUG 전세보증보험이 자동 가입되는 안심 전세대출 나오는 집이라고 했거든요. 보증금이 3억 200이라 계획을 훨씬 넘는 가격이었는데, 그래도 제 목돈으로 바꿀 수 있는 비용이니까요.

막상 계약 시점에 보증보험은 거절됐어요, 대출 심사에서. 계약서 서명만 남기고 계약을 못 하게 되니까 시간이 촉박했죠. 광주로 돌아갔다가 또 집을 보기 시작하기엔, 부동산 쪽에서 다른 대출을 받으면 어떻겠냐고 설득하더라고요. 전세권 설정을 조건으로요. 전세권 설정하면 건물이 혹시 경매 넘어가도 제가 1순위로 보증금을 받을 수 있다고. 그때는 틀린 말이 아닌 게 건물 감정가가 보증금보다 4천만 원 이상 높게 나왔어요. 혹시 문제가 생겨도 보증금은 찾겠더라고요. 집을 새로 보기 시작해도 맞는 물건이 있으리란 보장은 없었고요. 그래서 다른 대출을 받고 계약하게 된 거예요.

예비 70번으로 아파트 청약에 당첨됐다

일이 잘 풀리는 느낌이 들더라고요. 그 집에서 1년쯤 살다 청약에 당첨됐거든요. 예비 70번이었는데, 동호수 뽑는 게 뽑기 게임 같았어요. 추첨장에서 재래식으로 손을 박스에 넣어서 뽑았거든요. 동호수 확정될 때 '이 집이 신혼집이 되겠구나' 혼자 김칫국을 마셨었어요…. 새집에서 첫 1년이 참 좋았거든요. 코로나 때 재택근무를 쭉 했는데 쾌적해서 좋고, 그래서 다시 집에 소파도 놓고 TV랑 다이도 사고, 연애도 시작했고요. 그런데 청약된 일로 들뜬 느낌이 채 가시기도 전에 집 압류 전화를 받았죠. 청약 당첨은 22년 2월, 전화받은 건 6월.

임대인이 해결하겠다고 했는데, 바뀌는 게 전혀 없었어요. 등기부를 달마다 새로 확인했거든요. 만기 전 계약 해지를 요구했더니 순순히 알겠다고 하면서 새로 세입자가 안 들어오면 보증보험 받아서 나가라고 했어요. 보증보험 가입 못 한 집이란 걸 기억 못 한 거죠. 뭔가 좀 싸한 느낌이 들었는데 저도 추궁할 여유가 없었어요. 그쯤 갑상샘암 진단을 받았거든요. 2월 검사 때만 해도 괜찮다고 했는데, 8월엔 암이 됐다고…. 치료 때문에 휴직했는데 집 문제는 신경을 끌 수가 없었어요. 수술하고 방사선 치료 중에 다시 집주인한테 연락한 거예요. 그사이 해가 바뀌고 계약 만기일은 한두 달 남겨

놓고 있었고요. 그땐 매매를 알아보고 있다고 했는데 그 자체가 거짓말이었어요. 압류 부동산은 사실상 매매 안 되거든요. 임대인은 누가 어디 사는 세입자고 어느 집이 보험에 가입됐는지 파악도 못 했던 거 같아요. 부천이고 인천이고, 수도권에 680개도 넘는 집을 가진 사람이었거든요. 나중에 그걸 알고 등골이 정말 오싹했어요.

아플 수밖에 없는 피해자들

피해 집을 결국 '셀프 낙찰'했어요. 그러기 싫어도 일상으로 돌아갈 방법이 그거 말고 현실적으로 없었거든요. 건물 감정가라는 게 다 헛거라는 걸 이번에 안 거예요. 시세랑 안 맞으면 선순위 임차인 있는 물건에 경매에 참여할 사람이 없거든요. 유찰되면서 가격 낮아져봤자 1순위 전세권자 보증금을 줘야 하면 낙찰가는 사실상 전세 보증금이라고 봐야 하니까요.

그래서 깡통전세 세입자들이 울며 겨자 먹기로 사기 주택을 직접 낙찰할 수밖에 없는 거고요. 집 가져갈 사람 없이 내 보증금보다 감정가 높은 게 무슨 의미가 있겠어요. 셀프 낙찰하면 그나마 낙찰 대금은 못 받은 보증금으로 상계 처리하게 해준다니까 울며 겨자먹기로 선택할 수밖에요. 보증금 대출은 20년간 무이자로 나눠 갚게 해준다고 하고…. 그게 채무조정 지원이라는 거예요. 임대인이 임차인한테 진 빚을 '임차인의 미래'로 갚으라고 독려하는 거나 마찬가지죠. '대신 갚거나, 아니면 평생 경매에 붙잡혀 있거나' 둘 중에 선택하는 거니까. 그나마 국세 관련 법 개정✿으로 임대인이

✿ 2023년 4월 1일부터 경매와 공매로 매각이 결정되는 주택에서 배당 순위가 일부 바뀌었다. 임차인 확정일자가 임대인이 체납한 당해세 발생일보다 앞서면, 당해세보다 임차인의 보증금을 먼저 갚도록 제도가 바뀌었기 때문이다. 다만 이는 국세에만 적용되고, 재산세 등 지방세는 예외다. 국세 발생일은 '납세 고지서 발송일'이 기준이다. 관련하여, 임대차계약을 체결할 때 임대인이 임차인에게 선순위 임대차정보와 납세증명서 등을 의무 제시하도록 하는 '주택임대차보호법 일주개정법률안'은 2023년 3월 30일 국회 본회의를 통과했다. 규정의 실효성을 높이기 위해, 임대인이 사전 고지하지 않은 선순위 임대차 정보나 미납 및 체납 국세·지방세가 있다는 사실이 확인되면 임차인은 위약금 없이 계약을 해지할 수 있도록 하는 특약을 포함하도록 주택임대차표준계약서도 개정됐다.

체납한 국세까지 내 보증금에서 떼이진 않게 됐으니
다행으로 여겨야죠. 피해자 인정받기 기다리느라
전세권 설정한 보람도 없이 6개월 넘게 끌면서 경매를
했네요. 임차권 등기 접수하고, 민사로 보증금 지급명령
신청해서 확정판결까지 받고, 집행권원 확보하고,
피해자 결정문 받고, 경매 절차 진행하고. 겨우
일단락되나 싶을 때쯤, 숨 돌릴 겨를도 없이 훨씬 큰
문제가 터졌어요.

  은행에서 제 대출금을 당장 돌려받기 위한 배당을
요구하겠다고 나왔거든요. 그러면 낙찰 대금은 상계
처리가 안 되는 거고요. 정부에서는 전세사기 피해자가
셀프 낙찰하면 낙찰 대금 상계 처리는 하게 해준다고
했지만, 낙찰금에서 은행 대출금을 우선 가져간다고
하면, 낙찰 대금을 완전히 새로 마련해서 제가 법원에
내라는 소리에요. 이걸 못 내면 이미 낸 입찰 보증금만
추가로 잃는 거고요. 이건 너무 악랄하지 않나요?

  결론부터 말하면 SGI가 일으킨 문제에요. 은행에서
임차인한테 전세대출을 해줄 때 보통 그만큼 일종의

대위변제 보험을 보증공사에 들고, 은행이 혹시 채무자한테 대출금을 돌려받지 못하면 보증공사에서 그 금액을 은행 쪽에 먼저 준 후에 대출자한테 채권을 회수하는 시스템이 있거든요. SGI는 그 보증공사 중에 하나고요. 이런 대출들은 경매 때 선순위 임차인보다도 먼저 배당받을 수 있는 질권이 설정된다는데, 그걸 아예 몰랐어요. 대출해주는 은행이나 SGI 쪽에서 그런 설명이나 경고를 일절 못 받았거든요. 그러거나 말거나 SGI 쪽에서는 자기들이 보증부대출을 해준 은행들에 엄포를 놓은 거죠. 전세사기 피해 주택에 대해서도 경락대금에 대한 배당 요구를 해서 돈을 받아내라고요. 그러고도 회수 못 한 금액에 대해서만 은행에 보험금을 지급하겠다고. 그것도 '비공개' 공문을 보냈더라고요, 은행들한테. 은행은 은행 나름대로 배당 요구를 안 할 수 없는 거죠. 이 와중에 보증공사마다 대출금으로 상계 처리 가능 여부가 달라서 피해자들은 더 혼란이 더 커졌고요. HF랑 HUG도 그런 보증을 하는데, SGI랑은 조건이 또 달랐더라고요.

저는 은행이랑 협의해서 채무조정 약정까지 일단락했어요. 그래서 최악은 면했는데, 아주 곤란에 처한 분들도 있고요. 이 문제는 피해자 중에서도 소수 문제라 관심을 많이 받지는 못했거든요.

이렇게 무슨 일 하나 처리할 때마다 계속 새로운 일이 터지는 거예요. 피해자들이 안 아플 수가 없죠. 사기당한 건 어쩔 수 없다고 해도, 그 이후에 뭘 해결하는 게 너무 힘들거든요. 단계 단계 넘을 때마다 화는 치밀어 오르는데 그걸 해소할 새 없이 바빠요. 전세사기 사태라는 총체적 난국에서 피해자가 개별적으로 알아서 해야 하는 일이 너무 많거든요. 저는 SGI 문제 알았을 땐 직접 언론 기고문도 써야지, 그다음 단계도 준비해야지, 정말이지 시간이 너무 없었어요.

강서, 부천, 인천 지역 신경정신과 병원은 전세사기 피해자 예약이 아직도 줄을 서 있어요. 저도 병원을 계속 다니는데, 집 앞 병원은 예약이 너무 밀려 있어서 차로 15분 거리에 있는 병원까지 가요. 우울증으로 수면장애랑 공황장애가 와서 먹기 시작한 약을 계속 먹는데, 경매가 끝나도 심적 부담은 그대로네요. 이사 갈 집에 들어갈 잔금은 이 집에 아직 묶여 있으니까요. 입주까지 문제없게 하려고 집 처분이랑 추가 대출 계획이랑 빡빡하게 잡아 놓긴 했는데, 그대로 안 되면 그땐 정말 어떻게 해야 할지 모르겠어요.

'덜렁덜렁'한 계약은 없었다

이철빈

이철빈

1993년 구미에서 태어났다. 재래식 화장실과 아궁이를 사용하던 옛날 주택에 관한 기억이 흐릿하게 남아 있고, 부모님이 마련한 단지 아파트에서 네다섯 살부터 고등학교 졸업 때까지 쭉 살았다. 단지 주변 초·중·고등학교에 다녔다. 장학금과 기숙사가 제공되는 UNIST로 대학을 진학할 때 가족의 집을 떠났다. 장래 희망이 없는 관계로 대학에 맞춰 전공을 택했으나, 점점 사회적인 불평등에 관심이 깊어지면서 그에 맞춰 적극적으로 진로 탐색을 했다. 부동산 문제를 해결하는 스타트업에 취직하며 서울로 이주했다. 형태가 다른 두 번의 공유주택을 거쳐 3년 만에 전셋집을 마련했다. 이사 3개월 만에 전세사기 당한 사실을 알았고, 몇 달 뒤엔 임대인의 사망 소식을 뉴스로 접했다. 전세사기·깡통전세 피해자 전국대책위 공동위원장으로 활동하면서 전자책 『전세사기 특별법의 문제』『전세사기 대란 1년, 이제는 해결할 때!』를 썼다.

"어떻게 그렇게 자수성가하셨나 싶어요."
철빈 씨가 말했다. 세 살 터울 누나를 둔
그가 네 살까지도 살던 낙후한 집이 갑자기
신식 단지 아파트로 바뀐 후의 이야기를
하던 중이었다. 집이 생긴 후 차가 생기고,
그 차가 더 좋은 차로 바뀌었던 집. 가정
경제가 뚜렷이 발전하던 기억이 문득
그에게 새삼스러운 듯했다. 부모님은
친지의 재래식 빈집을 빌려 살며 알뜰살뜰
'4인 가족용' 아파트를 마련해,✿ 미취학
자식 둘이 성인이 될 때까지 쭉 안정적

✿ 연 소득을 한 푼도 쓰지 않고 모을 때 주택을 구매하는 데 걸리는 시간을 의미하는 주택가격대비 소득 배율(PIR)로 체감 집값을 가늠해 볼 수 있다. 이 지표를 조사하기 시작한 2006년과 가장 최근 조사 시기인 2023년의 변화를 비교하면, 철빈 씨 아버지가 노동하며 집을 마련한 도 지역 PIR은 3.3에서 3.7로 큰 변화를 보이지 않았다. 반면에 철빈 씨가 노동하며 주거하는 서울의 PIR은 2006년에 7.5, 2025년에 13으로 거의 두 배가 뛰었다.(2024년 PIR은 15.2) 노동하며 사는 지역이 다르면 체감 집값도 크게 달라질 수 있다.

주거 환경을 유지하셨다. 그 안에서 큰 불안 없이 성장기를 보낸 철빈 씨였다.

    그렇다고 집이 '좋았다'는 것은 아니다. 고성장 시절✿에 굴지의 대기업✿✿을 기반으로 나름 성공을 이룬 아버지, 지역 중산층 가정을 지켜낸 부모님은 철빈 씨도 그 성장 공식을 따라가길 바라셨다. 한국에서 흔한 부모의 바람이자 문화지만,

✿ 대한민국 경제는 1990년대 IMF 위기 전까지 9% 이상의 높은 성장률을 보였다.
✿✿ 아버지는 광케이블을 생산하는 LS전선(구 LG전선)의 생산직 사원이었다. LG전선의 전신인 금성전선 공장이 구미에 처음 들어선 건 1979년, 지상 통신 및 플라스틱 통신 공장으로 출발해 대한민국 산업 발전에 중추적 역할을 담당하며 성장했다. 80년대 통신 인프라 구축의 기틀을, 90년대 통신 인프라 구축의 기틀을 마련했다. 광통신 시대를 선도했던 90년대에는 IMF 위기에도 통신 및 전력 케이블 등 고부가가치 제품을 중심으로 수출에 총력을 기울이며 위기를 돌파했다. 그 기반 위에서 2000년대엔 사업 재편과 집중 투자를 통해 글로벌 경쟁력을 갖춘 핵심 생산기지로 발전했다. 1980년대에서 2000년대에 이르기까지 LS전선 구미공장의 정규직 사원은 위상이 매우 높았다. 국가 기간산업으로 꾸준히 성장하는 기업의 바탕 위에서 안정적인 고용과 높은 급여 수준 및 복리후생을 누릴 수 있었다.

철빈 씨에겐 맞지 않았다. '잘 먹고 잘 사는 것'이 목표여야 하는 삶이 원체 납득되지 않던 그였다. 보수적이고 가부장적인 가족문화를 벗어나고 싶은 욕구가 점점 자랐고, 전교생 기숙사 입소가 가능한 대학에 지원한 데는 그 욕구도 크게 작용했다.

　기숙사에서는 어느 쪽을 둘러보던 주변에 산만 보였다. 갑갑함을 모르고 지낸 건, 잘 맞는 동아리의 영향이다. 철빈 씨에겐 동아리가 사실상 주거 커뮤니티 기능을 톡톡히 했다. 관심사와 가치관까지 공유하는 일상의 관계망이었고, 덕분에 삶의 내용이 풍성해졌다. 함께 책을 읽고, 잡지를 읽고, 봉사 여행도 다니고. 그 경험들은 '주어진 삶'을 해석하는 데

도움을 주고, 자기 위치를 구조적으로
읽어내는 도구를 개발하게 해줬다.
자라면서 세상에 느끼던 막연한 답답함은
철빈 씨 안에서 점차 건강한 문제의식으로
발전했다.

"우리 사회가 굉장히 발전했다고 부자가
됐다고 하잖아요. 그런데도 어떤 사람들은
단지 가난해서, 제도가 미비해서 죽는
현실이 너무 이상하게 느껴졌어요."

'송파 세 모녀 사건'은 철빈 씨가 '선택할
삶'의 방향을 구체화한 계기다. 그해는
여러모로 문제적이었다. 곧 세월호
참사가 터졌고, 하반기엔 부동산 가격
폭등이 이슈로 올랐다. 침체 국면의
경기를 부양시키겠다는 정부 정책이 낳은

결과였다.✿ 그렇게 2014년 대한민국엔
생활고 죽음과 시스템 부재로 인한 죽음과
국가가 조장한 부동산 투기가 나란히
펼쳐졌다. 기이한 그 풍경이 목에 가시처럼
걸리던 철빈 씨는 그 가시를 빼는 일을
하고 싶었다. 그래서 부동산 문제를 다루는
시민단체 인턴을 했고, 학부 졸업논문으로
「공익신탁 활용한 유휴부동산 이용
활성화방안」을 다뤘다.

✿ 박근혜 정부 당시 최경환 부총리 겸 기획재정부 장관이 '초이노믹스'를
주도하면서 주택 거래량과 가격이 동반 상승하기 시작했다. 장기 침체에 빠져 있던
경기 부양책이었던 초이노믹스는 통화당국에 기준금리 인하를 압박하는 가운데
주택담보인정비율(LTV)과 총부채상환비율(DTI) 등의 금융 규제를 완화하는
방식으로 이루어졌다. 사실상 '빚 내서 집 사라'는 부동산 맞춤 경기 부양책이었다.
경기 부양의 효과는 오래 못 갔지만, 부작용은 심각했다. 가계부채가 급격히
늘어나면서 다음해 말에 가계부채는 관련 통계 집계 이후 처음으로 1200조를
돌파했고, 지방 등 일부 지역에서는 주택 공급이 과잉 수준으로 치달았다. 여러
경제학자들의 비판을 받았다.

이철빈

 프롭테크°로 부동산 시장의 혁신을
추구하는 스타트업에 취직하며 철빈 씨도
서울의 1인 가구가 됐다. 인턴도, 그의
관심 일자리도 모두 서울에 있었다. 주거
진입장벽이 높은 서울에서 처음 선택한
집은 공유주택, 스스로 생활을 영위할
수 있는 최선의 선택이었다. 똑똑하게
고른 두 종류의 공유주택을 거치며 철빈
씨는 서울살이 접점을 차근차근 늘렸다.
주택 임대에 관한 업무가 주인 직업상,
임대차계약에 관한 지식과 정보도 쌓였다.
그렇게 상경 3년 차에 드디어 혼자만의
집을 구했는데, 전세사기를 당했다.

✿ 부동산(Property)과 기술(Technology) 합성어로, 부동산 산업에
정보통신기술을 접목해 새로운 서비스를 제공하는 산업을 의미한다.

'덜렁덜렁'한 계약은 없었다

LH까지 사기당한 현실 위에서도 꿋꿋이 '젊은 분들 경험'을 문제 삼던 국토교통부 장관의 현실 인식°은 틀렸다. 철빈 씨는 처음부터 끝까지 신중에 신중을 기해 계약한 집에서 피해자가 됐다. 전세난 속에서도 일일이 건축물대장을 확인하며 불법 건축물을 거르길 몇십 차례, 합법 건물의 근저당도 없는 임대사업자 주택을 찾은 게 바로 '빌라왕' 김대성의 집이었다. 계약 과정에 깨끗했던 서류는 아무 의미 없었다. 그 서류엔 곧 압류와 가압류가

✿ 박상우 국토교통부 장관이 "전세를 얻는 젊은 분들이 경험이 없다 보니 덜렁덜렁 계약을 했던 부분이 있지 않을까 싶다"는 발언으로 논란을 빚었다. 전세사기 피해자가 여덟 번째로 목숨을 끊은 지 보름도 안 된 시기에 전세사기 피해 보완 대책을 설명하던 기자간담회 자리에서 벌어진 일이었다. 박 장관은 국회 국토교통위 전세사기 피해 대책 청문회 자리에서 한달 반 만에 해당 발언에 관해 사과했다.

들어왔다. 집주인의 62억 조세 채권의 법정 기일이 철빈 씨 권리보다 앞선다는 건 나중에 알았다. 그와 같은 집주인을 둔 1200여 명은 김대성이 어느 날 주검으로 발견되며 더 큰 혼란으로 빠졌다. 임대인이 그렇게 큰 세금을 밀린 사람인지 임차인이 미리 알 수 있었다면 상당수 예방됐을 피해다.✿

그나마 철빈 씨를 비롯한 김대성 피해자들도 고통의 끝을 예측할 수 있게 됐다. 특별법 개정안이 작년 11월부터 시행되면서 해당 주택 상당수가 LH 매입

✿ 전세사기 사태 이후 관련 법안들이 정비됐다. 임차인이 임대인의 국세 체납 조회 권한을 확대하는 국세징수법 일부 개정안과 국세기본법 일부 개정안이 2023년 4월로 시행되고, 임대인의 세금 체납·권리관계 등을 중개사가 설명하도록 의무화하는 공인중개사법 시행령·시행규칙 개정안 2024년 7월부터 시행됐다.

지원 대상에 포함됐기 때문이다. 다시 만난 철빈 씨 얼굴엔 비교적 여유를 띤 표정과 앞으로의 고민이 같이 보였다. 그간 맨 앞에서 피해자 대책위 활동을 하던 그는 다니던 회사를 퇴사한 상태였다. 전세사기 3년째, 철빈 씨는 지금 파트타이머 활동가이자 독립 연구자로 일하며 더 근본적으로 임차인의 피해를 예방하는 대안을 고민하고 있다.

부모님의 자수성가와 '국민주택' 아파트

고등학교 졸업 때까지 태어난 지역에서 쭉 살았어요 구미에서. 아주 어릴 때 재래식 화장실에 아궁이까지 있는 진짜 낡은 옛날 주택에 살았는데, 얼핏 연탄을 쓴 기억도 있어요. 집이 어두워서 되게 무서웠고요. 지금 생각해보면 낙후해서 사람이 살 만한 집이 아닌데, 신기하더라고요. 거긴 대체 어떻게 살게 된 거였냐고 부모님한테 물었던 적이 있는데, 아버지 친척분 집이라 우리가 도움받아서 살았다고 하시더라고요. 비어 있던 집이었다고. 아무것도 없이 시작하셨던 거죠, 부모님은. 그 집에서 제가 연탄도 차고 지렁이도 잡고 놀았대요. 가족이 오토바이를 탔던 기억도 있는데, 아마 세 명까지는 같이 탔을 거예요.(웃음) 거기서 부모님이 자가를 마련하셨죠.

새로 지어진 단지 아파트였어요. 일대가 큰 주택 단지였고요. 97~98년에 나름 대단지라 초등학교부터 고등학교까지 인근에 밀집했고 생활 상권도 잘 기획돼 있었어요. 집 크기는 28평 정도에 전형적인 한국 아파트 구조였고요. 안방이랑 작은방 두 개, 화장실 두 개 있는.✿ 누나랑 저랑 하나씩 방을 썼고, 그 집에서 차가 생겼어요. 엑센트. 엑센트가 아반떼로 바뀌고, 아반떼가 더 좋은 아반떼로 바뀌고, 산타페가 됐죠. 거의 20년을 한집에 살면서 집 형편도 점점 나아지고 주변이 변하는 걸 봤어요. 저 군대 있을 때 부모님이 새로운 아파트 단지로 이사하셨는데, 새집에서는 호수가

✿ 한국에는 '국민주택 규모'라 불리는 아파트 평수가 있다. 고 박철수 교수의 저서 『아파트』 222쪽에 '국민주택 규모' 탄생 비화가 나온다. "주택관련 법령에 전용면적 85㎡라는 '국민주택 규모'가 등장한 것은 1970년대 후반의 일이다. 통계청 자료에 따르면 국민주택이 만들어질 때인 1970년대의 평균 가구원수는 약 5인이었다. 여기에 1인당 최소 소요면적인 5평(당시 건설교통부 내부에서 판단한 1인당 최소 주거면적 기준)에 평균 가구원수 5인을 곱해 나온 면적이 25평이다. 이렇게 해서 한 가구가 거주할 수 있는 최소 규모의 주택면적, 즉 국민주택 규모가 25평으로 결정되었다. 그러나 이를 미터법으로 표기할 경우에는 82.645㎡가 되는 바람에 거칠게 85㎡로 정하고, 사람들에게 당시 익숙했던 평수로 바꿔 소수점 한 자리까지 반올림해 25.7평이 되었다는 것이 지금도 논란이 되고 있는 '국민주택 규모'의 탄생의 비화이다."

내려다보이더라고요. 어떻게 그렇게 자수성가하셨나 싶어요. 엄청나게 부자가 된 건 아니어도 초가집 같은 데 살다가 자가를 마련하시고, 그 이후에도 더 좋아지고. 아마 부모님은 그런 경험들을 하셨겠죠? 개인이 열심히 노력하면 경제적 안정을 찾을 수 있는.

아버지가 대기업 생산 정규직이었거든요. 입사해서 35년을 장기근속하고 최근 은퇴하셨고요. 엄청 보수적이시죠. 박정희와 함께 흥했다가 고점을 찍고 하강한 구미에서 아버지 인생도 발전했다가 내려오셨으니까. 가진 거 없을 때부터 시작해서 도시가 막 성장할 때 자식 둘을 다 키우고 경제적 안정도 이뤘다가, 도시와 함께 점점 쇠하고 건강도 내려오고. 지역 경제의 흥망을 직접 체감하셨을 거예요. 저도 집에 내려가면 쇠락해가는 제조업 도시라는 걸 체감하거든요. 초등학교 중학교 다닐 때는 구미역 근처 시내 번화가가 엄청 활기 있었는데, 요즘은 상권은 거의 없어지고 집도 세 집 중 하나는 비어 있는 분위기예요.

가끔 부모님 집에서 가족이 모이면 그런 얘기할 때

있어요. 오래 산 아파트가 우리 집 같다고. 아무래도 네 식구가 쭉 같이 살았던 집이니까. 사실 저는 가족들과 함께한 집의 기억이 썩 유쾌하진 않아요. 지역색이나 가족 성향이 저랑 너무 안 맞았거든요. 늘 내 영역이 침범당하는 느낌이라 혼자 있고 싶어서, 거의 방에만 있었어요. 부모님은 그냥 한국에 일반적인 부모님이세요. 자녀가 공부 잘해서 좋은 대학 갔으면 좋겠고, 그다음엔 좋은 직장 얻었으면 좋겠고, 그다음엔 배우자 잘 만나 가정 꾸리길 바라시고. 평범하다고 말해지지만 실은 성공적인 경로로 자식이 가길 바라신 거죠. 저한테는 강요라 잘 받아들여지지도 않았고요. 내가 원하는 인생 계획도 아닌데 왜 그렇게 가야 하는지 납득이 안 됐어요. 그렇다고 제가 엄청 반항하거나 일탈하는 애는 아니라 공부를 안 한 건 아니에요. 그냥 게임에 몰두한다거나 판타지 소설에 푹 빠져 있거나 하는 정도? 그런 소소한 딴짓도 안 했으면 제가 어떤 인간이 됐을지 모르겠네요. 집은 늘 긴장 상태로 살아서 너무 피곤했거든요.

아버지랑은 거의 말도 안 섞는 관계였어요.
냉전이었죠. 경상도 남자 둘이서. 어머니랑은 비교적
유했지만요. 집이 편한 곳이 아니라 먼 타지로
대학을 간 것도 있어요. 구미라는 지역도 집도
탈출하고 싶었거든요. 어차피 구미엔 종합대학이
별로 없어서 대구 쪽으로 대학을 가는 경우가 많아요.
아버지도 그러길 바라셨는데 저는 더 먼 울산에 있는
과학기술원(UNIST)으로 갔죠. 등록금은 물론이고,
기숙사까지 주는 게 결정적인 유인이었거든요. 2009년
개교와 동시에 전원 기숙으로 기획된 학교였어요.
과학기술원이지만 저는 과학기술을 잘 몰랐고,
경영대학이 유일한 문과여서 그 과를 선택한 거예요.
그만큼 저한텐 가족과 삶이 분리되는 게 중요한
일이었던 거 같아요. 특별히 꿈이 있거나 하고 싶은 게
뚜렷하지도 않았고, 경영학과를 굳이 부정적으로 보긴
했었죠. 어쩐지 돈이나 성공을 좇는 게 너무 속되다고
생각해서. 그런데도 아무튼, 집 떠날 때 해방감이
컸어요. 경영학을 배우면서 '내가 괴물이 되면 안

되는데' 하면서도 기대감이 생겼고요. 가족 아닌 사람들 속으로, 완전히 새로운 공간으로 간다는 게.

기숙사에는 밥도 있고 좋은 관계도 있고

기숙사에 살았는데 신식 아파트형이라 살기 좋았어요. 6명이 같이 쓰는 하나의 호실 안에 방 세 개 있고, 화장실이랑 샤워실은 공동으로 썼고요. 방학 때도 기숙사에서 밥까지 다 나왔어요. 주말이나 방학 때 자주 부모님 집 가는 친구들이 잘 이해가 안 갔죠. 저는 학기 중이나 방학 중에 한 번 정도 갔을 거예요. 기숙사가 답답하다고 자취하는 사람들도 있었어요. 저는 그럴 이유도 몰랐지만 그럴 여유가 없었던 거 같아요. 서울은 어디든 늦게까지 대중교통이 다니지만 우리 학교는 울산에서도 외진 곳에 있어서 교통편이 적었거든요. 밤 10시 넘으면 대부분 끊기는데 개인차가 있는 것도 아니고. 게다가 교수님들이 과제를 많이 내주셨고요.

팀 숙제도 많고, 정말 얄짤 없었어요. 졸업 때까지 거의 모든 활동을 기숙사에서 해결하면서 살았어요. 저한텐 동아리 활동이 큰 비중이기도 했고요.

  사람들이랑 이야기가 잘 통했거든요. IVF[○]라고 기독교 동아린데, 종교 때문이라기보단 활동이 재밌어 보여서 가입했어요. 방학마다 봉사 여행가고 그런 거요. 해보니까 딱히 종교 강요도 없고, 저로서는 친한 관계망 안에 있는 안정감이 있더라고요. 집에 살 때는 개인으로 존중 못 받고 긴장과 불통만 느꼈는데, 동아리에서는 무슨 이야기든 나눌 수 있었거든요. 마침 사는 곳도 학교니까 저한텐 동아리가 커뮤니티나 다름없었죠. 아마 그래서 집에 더 안 갔을 거예요. 학교 안에만 있어도 답답하지 않고요. 여기저기 다니면서 재밌게 놀았어요. 지역 복지기관 통해서 아이들 공부 가르쳐주고, 같이 놀기도 했던 기억들이 좋아요. 지역 교회에 연락하면 숙소도 무료로 제공해주시고. 관계가 참 재밌었어요.

○ 한국기독학생회. 초교파 기독교 복음주의 학생선교 단체. 전세계 170여 개국, 전국 150여 곳에 있다.

진로는 군대에서 구체적으로 고민했던 거 같아요. 입대 전 연달아 터진 사회적 참사들에 영향을 많이 받았거든요. 벌써 10년도 넘었네요. 세월호 사건이 2014년의 너무 큰 사건인데, 사실 그전부터 큰일은 있었어요. 송파 세 모녀 자살 사건✿이라고, 아마 기억하실 거예요. 그해 초반 일이거든요. 사회적으로 큰 파장을 일으키면서 복지에 관한 법이 개정되느니 마느니 떠들썩했지만 이후에도 비슷한 일들은 계속 일어났고요.✿✿ 현실이 '너무 이상하다'는 생각이 커지더라고요. 우리 사회가 굉장히 발전했다고 부자가 됐다고 하는데, 어떤 사람들은 너무 잘사는 한편 계속 가난하고 죽어가는 사람들이 생기는 게. 그렇지 않나요?

✿ 2014년 2월 26일 서울 송파구에서 세 모녀가 숨진 채 발견됐다. 집주인에게 남긴 짧은 메모에는 "죄송합니다. 마지막 집세와 공과금입니다. 정말 죄송합니다"라고 써 있었다. 큰 딸은 만성 질환이 있고, 어머니는 실직한 상태로 생활고에 시달리고 있었으며 대상 조건을 만족하지 못해 국민기초생활보장제도의 도움을 받지 못했다.
✿✿ 2019년에는 서울 성북구에서 네 모녀가 생활고로 집단 자살하는 사건, 관악구에서 모자 가정이 굶어죽는 사건, 경기 양주시에서 아버지가 생활고로 어린 아들 둘을 살해하고 자살하는 사건이 있었다. 2020년 이후에도 비슷한 사건들이 계속 발생했다.

문제가 있는 건 분명하고, 저한테는 심각한 주제로 다가왔어요. 그런 문제를 해결하는 일을 하고 싶었던 거 같아요. 어쨌든 전공과 진로에서 접점을 찾아야 한다고 생각했고요. 원래 어쩔 수 없이 하는 공부였는데, 태도가 진지해졌죠. 곧 졸업도 하고 일도 찾아야 하고요. 그래서 군대에서 관련 사회 분야 책을 이것저것 많이 보고, 시사 잡지도 구독했어요. 알면 알수록 시스템에 대한 문제의식이 커졌고, 특히 부동산 문제에 관심이 커졌어요. 한국에서 집, 부동산 문제를 빼놓고는 양극화라든지 불균형에 대한 문제를 해결할 수 없겠다는 생각이 들었거든요. 복학하고 전공 공부도 더 열심히 하고 일도 적극적으로 찾았어요. 눈여겨보던 시민단체 몇 곳에 인턴 자리나 자원봉사라도 할 기회가 있는지 직접 알아보고 그랬거든요. 그중 한 곳에서 정말 3학년 여름방학 때 학부생 연구 인턴을 했어요. 대체로 그런 기회는 다 서울에 있어서 다른 지역 학생들은 부담이 훨씬 커요. 다행히 저는 서울에 누나 집이 있어서 거기 얹혀서 학점 교류 프로그램이랑 병행했고요. 인턴하다가 일해보고 싶은 회사도 발견했어요. 앤스페이스✪라고, 도심 내 유휴공간 문제를 해결하는 부동한 스타트업이었거든요. 대표님 인터뷰도 하고, 계속 주의 깊게 보다가 졸업 때쯤 그 회사 연구 프로젝트✪✪에 참여했어요. 좋은 결과가 나오면서 자연스럽게 회사에 합류했고, 서울에서 살 집도 필요해졌죠.

공유주택, 내 집인 듯 내 집 아닌

출근 일주일 전까지도 집을 못 구했어요. 성수동에 있었던 어느 커뮤니티 하우스✪✪✪에 입주 지원을 했는데 최종 선발에서 떨어졌거든요. 사회 변화를 이루고

✪ 공간과 사람을 연결하며 부동산 시장의 혁신을 추구하는 IT 서비스 기업이다.
✪✪ 이철빈 씨가 연구원으로 참여한 앤스페이스의 '공익신탁 활용한 유휴부동산 이용 활성화방안'이 서울연구원의 2018년 하반기 '작은연구 좋은서울' 지원사업에 연구과제로 선정되었다.
✪✪✪ 방과 욕실 같은 입주자 전용 공간이 있고, 주방이나, 거실 등을 공유하는 형태의 공유주택. 일반 원룸 주택에 비해 공간을 다양하게 사용할 수 있고 입주자들간에 관계를 쌓을 여지가 있는 점이 특징이다.

싶어 하는 사람들을 위한 공유주택이라 관심사를 공유하는 또래들이랑 네트워킹도 할 수 있고, 주거 비용도 합리적이라 지원했었는데…, 빨리 떨어졌으면 여유가 좀 있었을 텐데 나중에 떨어져서 급해졌죠. 부랴부랴 또 빈자리 있는 공유주택을 찾긴 해서 운 좋게 3~4일 만에 바로 입주했어요. 그게 서울의 첫 번째 집이었어요. 조건이 정말 파격적이었고요. 식비 포함 월 25만 원. 운영자가 청년 집 문제에 특별히 관심이 많은 목사님이었거든요. 출퇴근이 너무 멀어서 오래 살진 못했어요. 2019년 2월에 입주하고 10개월 정도 살다가 회사가 위탁 운영을 시작하는 다른 사회주택✿에 저도 입주하게 되면서 옮기게 됐죠.

이번엔 공익 목적의 민관협력형 임대주택이었어요. 여기도 조건이 좋았고요. 임차인은 보증금의

✿ 철빈 씨는 민관협력형 임대주택이자 공공형 리츠(REITS, Real Estate Investment Trusts, 부동산투자신탁), 서울시와 서울주택도시공사(SH)가 50억을 출자한 서울사회주택리츠 1호점 '앤스테이블 대치'에 살았다. 공모를 통해 운영법인으로 선정된 ㈜앤스페이스가 위탁 운영을 맡았고, '스타트업 빌리지' 콘셉트다. 현재는 다른 회사가 운영을 맡고 있다.

25%만 실제 부담하고, 나머지 보증금은 신용카드사회공헌재단에서 무이자로 대출했다가 퇴거 시 자동 상환하는 구조였거든요. 보증금 4천만 원 중에 저는 1천만 원을 실제로 냈고, 월세 47만 원에 관리비는 6만 원이었다가 나중에 올라서 6만 8천 원 냈어요. 강남 시세보다 20% 이상 저렴했던 거죠.

장단점이 뚜렷한 집이었어요. 여기 주택 관리가 주업무였거든요.✪ 입주자 겸 관리자다 보니 교통비도 통근 시간도 아예 안 들었어요. 돈도 절약되고 시간도 최소 두 시간 이상 생겼죠. 창이 대로변으로 크게 나서 소음 스트레스는 좀 있었지만 채광이 정말 좋았고요. 전에 살던 집에 비하면 과하다 싶을 정도로, 2인용 투룸형에 살았고, 8~9개월은 정말 행복했어요. 룸메이트가 없었거든요. 독립된 주거 공간을 처음 쓴 거죠. 제 방은 3평 정도인데 침대랑 책상 놓고도 중간에 공간이 좀 남았고요. 빈방은 빨래도 널고 맘대로 썼어요. 룸메이트가 생기니까 이 곳이 내 공간이 아니라는 게

✪ 철빈 씨는 '앤스테이블 대치'에서 관리자 겸 입주자로 거주했다.

바로 와 닿더라고요. 혼자 사용하던 화장실을 당장 출근 시간에 나눠 쓰지, 방 사이는 방음도 잘 안 되지. 맘대로 지인 부르기도 어렵고요. 1년 이상 살아본 느낌은 '내 집인 듯 내 집 아닌' 그런 느낌? 마침 일터랑 집이 너무 가까운 것도 고민이 되던 차였어요. 밤늦게도 다른 입주자들 문의 연락이 왔거든요. 이웃인데 근무 시간 아니라고 모른 척하긴 어렵고요. 겸사겸사 계약 끝나면 다른 집 알아보려고 했는데 그때쯤 건물 하자 문제가 크게 생겼어요. 어차피 공사 때문에 방을 비워야 해서 집 구하려던 계획을 좀 앞당겼죠.

고심 끝에 구한 '안심 전셋집'
"덜렁덜렁 계약"은 없었다

'드디어 내 계약을 해보는구나!' 그 기대만으로도 기분이 되게 좋았어요. 자신감도 있었고요. 주택 임대 관리가 제 일이라 임대차 관계를 어느 정도 아니까요.

주거비 부담을 최대한 낮춰야 하니까 처음부터 전세로 알아봤어요. 2021년 하반기라 저금리 때였거든요. 대충 1억 얼마짜리 원룸 구한다고 치면 대출금 이자 비용이 월세의 반 정도 될까? 월세보다 전세대출 이자 내는 게 조건이 훨씬 좋은데, 중소기업 청년 대출하면 월 이자 비용을 최소로 낮출 수 있겠더라고요.

집 보기 전부터 계약할 때까지 임차인 입장에서 미리 할 수 있는 준비란 준비는 다 했어요. 책부터 찾아봤는데 세입자 입장에서 도움받을 만한 건 별로 없었고, 강의를 찾아들었어요. 등기부등본이나 건축물대장 잘 보는 법 같은 강의들이 있었거든요. 부동산 쪽 일하는데 이상한 집 구하면 더 민망하니까 준비를 철저히 했어요. 지인 공인중개사 자문 구하면서 쉬는 날마다 집 보러 발품 팔고 다닌 게 한 달 정도? 네이버부동산이랑 중개 앱 매물 우선 많이 보고, 볼만한 매물 추려서 실물 확인하러 부동산이랑 다니고. 예산은 대출 포함 최대 2억 5천이었고, 출퇴근 거리를 최우선으로 뒀어요. 가전 가구 같은 걸 다 갖출 여력이 없으니까 풀옵션 집을 찾았고요.

그거 말고는 대로변에 있는 공유주택에서 소음 문제를 경험해본 이후라 주변이 조용한 곳으로 봤죠.

집 구하면서 정말 놀랐어요. 웬만하면 죄다 불법 건축물이더라고요. 생활 조건도 중요하지만 뭣보다 권리 관계부터 살폈거든요. 등기부등본은 당연하고 건축물대장까지. 집을 꽤 많이 봤거든요? 가격 괜찮고 시설 좋으면 높은 확률로 불법 건축물이었어요. 세상에 불법 건축물이 그렇게 많은 줄은 그때 처음 알았죠. 2021년에 전셋집이 정말 귀했거든요. 불법 거르다 보면 가뜩이나 귀한 매물이 더 없고, 보증금은 계속 오르고, 세입자 입장에서 마음이 얼마나 조급했겠어요. 괜찮은 매물은 하루, 아니 몇 시간 사이로 경쟁적으로 계약금이 들어오고 바로바로 나가는데, 공인중개사들도 전세시장 분위기 살벌하다고 그랬거든요. 무서울 정도로 보증금이 올라서 다들 너무 정신이 없다고, 같은 매물도 체감상 월에 천은 뛰는 거 같다고. 그래도 어쩌겠어요. 또 보고 또 보고 했죠.

삼전동이라고, 잘 모르실 거예요. 잠실 옆 작은

동네인데 어느 날 눈에 들어왔어요. 그날도 계속 임장 다니다가 빈손으로 집에 돌아가는데 회사랑 너무 멀지 않고 입지도 괜찮고. 이 동네 매물만 마지막으로 보고 집에 가려고 근처 부동산을 찾아갔다가 지금 사는 집을 본 거예요. 딱 봤는데 충분한 수납 공간이 맘에 들었어요. 권리관계부터 봤더니 왠걸? 모든 조건이 다 들어맞는 '깨끗한 주택'이더라고요. 7평 좀 안되는 2억 1천만 원짜리 원룸인데 근저당도 압류 기록도 없고, 그 흔한 불법 건축물도 아니라 대출 문제도 없고요. 결정적으로 민간 임대사업자❋로 등록된 집주인 매물이었어요. 임대인 보증보험 가입 의무도 있겠다, 법적 규제도 어느 정도 받겠다, 지자체에서 관리 감독도 하겠다. 이 정도면 안전하겠다는 생각이 들었죠.❋❋ 완전 신축도 아니고 지은 지 3년 정도라 더

❋ 민간임대주택법에 따라 1호 이상의 민간임대주택을 취득하여 임대 사업을 목적으로 특별자치시장·시장·군수 또는 구청장에게 등록한 자. 임대사업자가 임대차계약을 할 때는 임차인에게 임대의무기간, 임대료 증액 제한(5%), 임대주택 권리관계(선순위 담보권, 세금 체납 사실) 등에 관해 설명해야 한다. 둘 이상 임대차계약이 존재하는 다가구주택 등 선순위 임대보증금에 관해서도 설명할 의무가 있다.

'덜렁덜렁'한 계약은 없었다

괜찮았고요. 누나한테도 손님인 척 집을 또 봐달라고 부탁했어요. 내 눈에만 좋게 보인 걸까 봐. 계약서 쓰기 전엔 지인 중개사한테 검토 요청도 했고요. 제가 하나하나 너무 신중하게 구니까 임대사업자 등록 매물이라고 공인중개사가 얼마나 떵떵거렸는데요. 그때 다른 중개사를 구해야 했나…. 계약 과정이 매끄럽진 않았어요. 중개사가 내놓은 계약서에 오타가 한두 군데가 아니고 계약서 한 부는 아예 보증금을 빈칸으로 놓고. 좀 허술했죠. 모르겠어요. 그 중개인이 집주인 일당과 모종의 커넥션이 있어서 그렇게 대충대충이었는지는 증거가 없거든요. 절차상 문제는

○○ 임대사업자는 임대 보증보험에 의무적으로 가입해야 하며, 보증수수료의 부담 비율은 임대인과 임차인이 25%로 나눠서 부담한다. 사업자가 사용검사 전 임차인을 모집하는 경우엔 모집 날부터 사용검사를 받는 날까지의 보증수수료는 임대인이 전액 부담한다. 2022년 1월부터 임대사업자가 보증가입 의무를 위반할 경우 과태료(보증금의 10%, 최대 3000만 원까지)를 부과하기 시작했다. 과태료가 보증보험 가입 의무를 위반한 가구의 수에 정비례로 부과되지는 않는다. 위반 행위가 둘 이상인 경우 부과 금액이 많은 과태료를 부과하며, 부과권자는 임차인 피해 정도에 따라 과태료 액수를 50% 범위에서 늘릴 수 있다는 과태료 부과 기준 조항이 있다. 10가구에 대한 의무를 위반하든 100가구에 대한 의무를 위반하든 과태료는 같을 수 있다. 임대사업자가 보증가입 의무를 위반하는 경우는 비일비재하다.

없었고요. 제가 일일이 다 확인하고 따져서 제대로 고친 계약서로 진행했거든요. 수수료 내고 맡기는 일인데 신경을 많이 썼죠. 사실 다른 중개사를 찾았다면 그사이에 집은 나갔을 거예요. 보증금은 제가 모은 돈에 1억 2천을 대출하고, 부모님도 일부 보태주셔서 만들었어요. 그렇게 차근차근 준비해서 3년 만에 서울에서 저 혼자만의 공간을 시작한 거예요. 그런데 국토교통부 장관이 얼마 전에 망언을 했고요. 전세사기 피해를 두고 "젊은 분들이 덜렁덜렁 계약한 부분"이 있을 거라는 식으로요. 놀랄 정도로 틀린 말이거든요. 전세사기는 명확하게 정책 실패의 결과예요. 2008년, 2013년, 2017년 관련 정책들이 전세사기가 지금에 이르기까지 단계 단계 기여했어요. 세입자 보호 강화 대신 전세자금대출제도를 확대하고, 보증금 반환보증제도를 도입해 무분별하게 확대하고, 그다음엔 임대사업자 등록을 활성화하고. 사기꾼들이 건실한 사업자로 둔갑하도록 내버려두고, 그들이 체납한 세금은 결과적으로 보증금에서 뺏어가게 됐잖아요. 처벌도 제대로 안 했죠. 사기꾼은 경험적으로 자신감만 더 올라가고, 그만큼 사기 규모도 커진 거예요. 이게 국가 과실이지 어떻게 '경험 없는 젊은 사람' 탓이 되나요?

임차인만 독박 쓰게 설정한 구조에서

집에서는, 먼저 정수기 설치를 했어요. 물을 자유롭게 못 마셨었거든요. 룸메이트랑 주방이나 화장실을 공유하니까 개인적으로 정수기를 설치하기는 좀 그렇고, 페트병 쓰레기 나오는 것도 싫어서요. 아예 밖에 있는 공유부 공간에서 물을 떠 마셨는데 그때그때 잘 못 마셨어요. 귀찮았죠. 엄밀히 보면 전셋집을 구하기 전까지의 방들은 기숙사의 연장선이었던 거 같아요. 생활에서 늘 제한이 있거든요. 집이 나만 있는 공간이 되니까 누구 신경 안 쓰고 맘대로 내 필요를 알아서 채우는 게 소소하지만 큰 기쁨이었어요. 수납공간이 여유 있으니까 읽고 싶은 책도 더 많이 사도 되고, 꽃도 높아요. 좋았지만 너무 짧은 시간이었죠. 사기당한 사실을 이사 3개월 만에 알았거든요. 3개월도 완전히 마음 놓고 살진 못했고요. 임대인이 약속한 보증보험 가입을 계속 미뤘거든요. 이사 정리하자마자 연말이라 업무가 좀 바빴는데도 제가 임대인 대리인이라는 사람 통해서 독촉하고 또 하고, 공인중개사한테도 이야기했는데 변화가 없었고요. 싸한 느낌이 급 들더라고요. 정상이면 그때까지 임대인이 보증보험 가입 안 할 이유가 없으니까.

'뭔가 잘못됐다'라는 느낌이 맞았어요. 등기부등본을 확인했더니 압류가 들어와 있었고요. 큰일났구나 싶어서 집주인하고 통화했는데 보증기관 핑계를 댔어요. 보험 가입 서류를 냈는데 심사 기간이 늘어지고 있다면서. 단도직입적으로 등기부 등본에 찍힌 체납 세금에 관해 물었더니 급히 연락을 끊었고, 그게 마지막 연락이었어요. 점점 느낌이 왔죠. '이거 전세사기인가.' 혹시나 정말 임대인 말대로 세금 문제가 해결되지 않을까 노심초사 두세 달을 기다리다가 같은 건물 세입자 연락을 받았어요. 계약은 만료인데 보증금을 못 받아서 못 나가고 있던 분이 관리업체에 부탁해서 단체 문자를 돌리셨더라고요. "집주인이 김대성인 세입자는 연락을 달라"라고. 그때 우리 건물에만 저 빼고 다른 피해자 7명이었어요. 다들 집주인과 연락 안 닿고, 등기부엔 압류 표시가 있고. 피해자끼리 상황 공유하다가 피해자가 더 많다는 사실을 알았어요. 아예 김대성 피해자 커뮤니티가 있었거든요. 바로 공동으로 변호사를 구해 소송하자는 이야기가 나오는데… 저는 계약한 지 반년도 안 됐잖아요? 계약 기간이 많이 남아서 소송이 가능한지도 모르겠고, 일을 갑자기 진행하는 것도 심적으로 너무 부담스럽더라고요.

정확히는 사기당했다는 게 일단 부끄러웠어요. 당해 보니 그렇더라고요. 철두철미하게 사전에 다 알아봤는데, 내가 부끄러울 일이 아닌데. 보증금에 내 돈만 있는 것도 아니고 부모님 돈까지 걸렸잖아요. 마음이 너무 조이고, 공포스러웠어요. 대출금 상환일이 오면 큰일이니까요. 소송이고 뭐고, 임대인

귀책으로 대출금 상환이 안 되면 연장할 방법부터 알아야겠더라고요. 그래서 당장 은행부터 갔어요. 가면서도 얼마나 걱정이 되던지. 미리 물어봐서 긁어 부스럼이 되면 어떡하나, 일시 상환하라고 하면 당장 무슨 돈으로 그 큰돈을 갚나, 못 갚아서 갑자기 신용불량자가 되면 내 미래는 대체 어떻게 되는 건가 등등 온갖 불안이 밀려왔거든요.

 은행 직원은 막상 '나몰라라' 하는 태도였어요. 그때가 봐야 안다는 원론적인 답만 들으면서 억울하다는 생각이 처음 들더라고요. 은행은 임대인 건물만 보지 개인 신용도는 모르고도 막 돈을 빌려주잖아요? 빌리자마자 임대인 통장으로 꽂히는 대출금인데 사기당한 저만 그 덤터기를 고스란히 써야 한다는 게 참…. 대출 심사 때 체납 임대인을 걸러낼 방법은 없느냐고 물어봤는데 뭐 거기까진 알 수 없다고 하죠. 어차피 책임은 임차인이 지는 시스템에, 은행은 어디서든 돈만 받으면 그만인 거니까요. 은행이 임대인 세금 체납 내역이나 보증사고 이력만 꼼꼼히 확인해서 전세 보증금 대출 심사하게 되어 있으면 어땠을까요? 전세사기 피해의 상당 부분이 아마 발생 안 하지 않았을까요?

'임대인보다 오래 살 결심'은 현실이 되고

사실상 이 집에 사는 내내 전세사기와 함께하는 거예요. 이사하고 전전긍긍하고, 전세사기 인지하고는 더 힘들어졌고요. 여기저기 알아봐도 보증금을 돌려받을 수 있을지 명확히 알 수 없고, 나서서 해결할 수 있는 것도 없고. 이게 제일 힘들더라고요. 너무너무 심란했다가 개인적으로 정신을 좀 붙잡았어요. 어차피 도움을 청할 곳도 없는데, 기도하면서 생각 정리가 좀 됐거든요. 어떻게 이런 상황에 부닥쳤나 차근차근 다시 돌이켜보고, 복잡한 심경을 실컷 토로하고, 신도 원망해보고요. 어느 날 시편*을 읽는데 복잡하게 엉켜

✿ 구약성경책의 대표적인 시가서

있는 마음이 어쩐지 정리되기 시작했어요. 되게 억울한 상황에 있는 인물이 신한테 고통과 억울함을 호소하는 이야기가 나오거든요. 이렇게 불합리한 상황에 있는 내 억울함을 신이 모르진 않을 거라는 생각이 갑자기 들었어요. 그 자체만으로도 위로가 좀 됐는데, 가만 생각해보니 그 억울함을 신만 아는 것도 아니더라고요. 마음을 추스르고 나서 어쨌거나 이 와중에 스스로 할 수 있는 노력은 뭔지, 나한테 있는 자원을 뭔지 기록했어요. 어쨌든 당장 생계를 유지하고 일상을 살게 하는 일과 회사가 있고, 주변에는 저를 지지해주고 신뢰해주는 사람들도 있고. 정신을 좀 차리고부터 현실이 보였어요. 전세사기로 뺏긴 돈이 있는 건 돌이킬 수 없지만, 인생의 모든 걸 다 빼앗기거나 잃은 건 아니고, 뭣보다 제 경우는 당장 집에서 쫓겨날 상황이 아니라 시간이 좀 있었어요. 계속 일상을 놓고 괴로워만 할 순 없다는 생각에 스스로를 지키려고 엄청나게 기를 썼던 거 같아요. 혹시라도 보증금을 전부 못 건지거나 기타 등등 최악의 상황이 올 수도 있다는 가정은 두고, 할 일을 찾으려고 했고요. 그런 생각하기까지 시간이 꽤 걸린 거예요.

경매 절차 숙지하고, 그다음에 변호사 상담을 받았어요. 역시나 해답을 못 들었고요. 계약 기간이 1년 반 넘게 남은 상황에서는 기다리는 게 최선이라고 하더라고요. 예상했어도 맥이 빠졌고, 그래서 뛰기 시작했어요. 건강해져서 다 견뎌내려고요. 석촌호수를 따라서 막 뛰었어요. 뛰는 내내 임대인이 내 일상과 행복까지 뺏어가게 두지 말자 다짐했고요. '임대인보다 반드시 오래 건강하게 살아서 임대인이 망하는 걸 보겠다!' 이런 복수심을 불태우면서 건강 관리한 거죠.

그 다짐이 곧 현실이 되더라고요. 갑자기 임대인 사망 뉴스가 보도됐거든요. 2022년 9월부터는 제가 이미 김대성 피해자 커뮤니티에서 활동을 적극적으로 하고 있었고, 10월 국정감사가 열리기 전에 필요한 일들을 했어요. 피해자 의견 모으고, 지역구 국회의원실은 물론이고 국토교통위원회, 법제사법위원회 소속 의원들한테 입장문 메일을 보낸다든지 이런 것들부터 하고 있는데 10월쯤 갑자기 그런 일이 일어난 거예요. 난감 그 자체였죠. '그럼 이제 피해자들은 누구한테 보증금을 돌려받나…?' 임대인 사망으로 또 새로운 문제가 생긴 거예요. 보증보험에 가입한 사람도 보증금을 못 돌려받는다는 흉흉한 소문도 있어서 적극적으로 나서지 않을 수 없었어요. 직장 다니면서 설명회나 간담회 자리들이 열릴 때마다 거의 참석하고 있었는데 가능한 언론에 공개적으로 인터뷰하고, 연말연초에도 발언 자리에 많이 나섰어요. 직업상 할 수 있는 일을 찾아서 많이 하게 됐거든요. 주택 임대차 관리부터 플랫폼 상담, 영업 업무 같은 걸 해봤고 연구 용역이나 위탁 사업으로 비교적 관료 집단이랑 접촉 경험도 있었고요. 그렇게 점점 적극적으로 피해자대책위 활동을 하게 됐어요. 거의 본업처럼 빠져들었던 거 같아요. 전세사기가 저한테도 큰일이지만 그때 사회적으로도 너무 불행한 일이었으니까. 문제의식이 있던 부동산 제도에서 직접 피해자가 되기도 했고요.

'덜렁덜렁'한 계약은 없었다

절실하고 끈질긴 목소리들이 바꾸는 세상

2023년 2월 28일이 잊히지 않아요. 그날 인천 미추홀구에서 첫 번째 희생자가 나왔거든요.✿ 정의당이 주관하는 토론회 자리에 있었는데 전국 단위 피해자의 목소리를 하나로 전달할 창구가 필요하다는 의견이 모아졌어요. 전부터 전국 피해자분들이 서로 얼굴을 보고 이야기 나누고 있었지만 공식적인 목소리는 계속 지역별로 냈거든요. 그 안건으로 3월 중에 전국 피해자 모임이 열리고, 다양한 의견을 놓고 같이 논의했어요. 그때 제가 사회를 봐서인지 이후에도 이것저것 일을 맡게 됐어요. 피해 관련 발제도 맡고 시위 준비도 하고. 그렇게 시간이 가고 있는데 4월에 또 두 번째 세 번째 희생자분이 나온 거예요. 다급해질 수밖에 없었어요.

✿ 인천시 미추홀구 소재 한 다세대주택 전세 보증금 7천만 원을 돌려받지 못한 30대 피해자가 2023년 2월 28일 휴대전화에 메모로 유서를 남기고 숨진 채 발견됐다. 유서엔 '(전세 사기 관련) 정부 대책이 굉장히 실망스럽고 더는 버티기 힘들다' '저의 이런 결정으로 이 문제를 꼭 해결했으면 좋겠다'는 내용이 있었다. 최소 10명 이상 전세사기 피해자가 목숨을 잃었다.

잘못한 놈들은 멀쩡히 살아 있는데 죄 없는 분들이 죽어 나가니까, 사람이 또 죽기 전에 더 적극적으로 해야 한다는 마음들이 커졌어요.

  그 마음들이 모여서 전세사기·깡통전세 피해자 전국대책위원회를 발족하게 된 거예요. 4월 18일, 그날이 세 번째 사망자분 나온 다음 날이에요. 전세사기 희생자 합동추모제가 열린 자리에서 '전세사기·깡통전세 피해자 전국대책위'라는 이름이 시작됐어요. 그리고 일주일 후 갑자기 전세사기 특별법이 발표됐고요. 그전에 피해자 접촉은 없었고요, 현실성이 떨어지는 법안이었어요. 일단 전세사기 피해자로 인정받을 수 있는 6가지 조건✿을 모두 만족시키는 것부터 너무 높은 장벽이었거든요. 그 조건을 모두 만족하는 피해자 자체가 너무 소수인데, 각각의 조건에 대한 기준도 애매하고요. 그때는 저도

✿ 대항력을 갖추고 확정일자를 받은 임차인일 것, 임차주택에 대한 경·공매가 진행됐을 것, 면적·보증금 등을 고려한 서민 임차주택일 것, 수사 개시 등 전세사기 의도가 있다고 판단될 것, 다수의 피해자가 발생할 우려가 있을 것, 보증금의 상당액이 미반환될 우려가 있을 것.

전세사기 피해자가 아니었어요. 계약 기간은 남았고, 임대인은 사망했고, 피해는 당했지만 피해자는 아니라는 거죠. 사태를 면밀히 파악하기 전에 일방으로 지원책을 내놓으니 실효성이 떨어질 수밖에 없잖아요. 그래서 피해자들이 농성까지 시작한 거예요. 2주 정도 농성하고 일부나마 특별법 원안에 피해자 의견이 반영됐어요. 피해자대책위가 활동한 시간이 1년을 훌쩍 넘기면서는 피해자분들이 다들 활동가가 됐네요.

전세사기를 대하는 분위기가 어느 정도 바뀐 걸 느껴요. 적어도 구조 문제로 보는 사회 분위기는 되지 않았나요? 임대인이 보증금을 안 돌려줘도 '그럴 수도 있는 일' 정도로 취급당하고 그랬는데, 그렇게 몇십 년이 흘러서 어떤 정점에서 전세사기 피해가 너무 크게 터졌고요. 숨지 않고 피해자들이 목소리를 계속 낸 것도 변화에 분명히 영향을 줬다고 생각해요.

맞아요. 특별법으로 전세사기가 '해결된' 줄 아시는 분들도 있어요. 어떤 분들은 피해자들이 생떼를 부린다고 생각하고요. '아 사람들은 그렇게 생각하는

구나' 해요. 너무하다는 생각이 들 때도 있지만 사는 게 너무 피곤해서 그런 거 아닐까 싶기도 하고요. 우리 사회에 억울한 죽음이 너무 많으니까 전세사기로 몇 명 죽는 일에는 무감각해지는 건가, 싶네요. 당장 이번 달만 해도 청도 운문댐 노동자 두 분이, 인터뷰 직전에는 아리셀 공장 화재로 너무 많은 분이 일하다 돌아가셨잖아요.✿ 이런 사회를 살다 보면 사람들이 냉소적으로 될 수 있을 거 같아요.

  정부는 애초에 전세사기 문제에 해결 의지가 별로 없었던 게 아닐까요? 대책을 논한다면서 계속 사회적 합의와 국민적 공감대를 명분처럼 내세웠거든요. 그런데 민주주의 국가에서 국민적 공감대를 하나로 모은다는 게 가능하긴 한가요? 캠코 펀드 활용해서 부동산 프로젝트파이낸싱 부실채권 인수하겠다고 발표하거나, 갑자기 동해 시추하겠다고 나설 땐 국민 여론 같은 건

✿ 2024년 6월 6일 경북 청도군 운문댐에서 취수탑 보강 작업을 하던 하청업체 노동자 두 명이 사망하는 사고가 발생했다. 6월 24일에는 경기도 화성시 소재 아리셀 공장에서 발생한 화재로 23명의 노동자가 사망하고 8명이 부상을 입었다.

의식도 안 하던데…, 찬성 여론이 70%를 넘고 국회를 통과한 '채상병 특검법'도 거부권을 행사했고요.

 전세사기 피해는 지금도 계속 접수돼요. 개정된 특별법으로도 여전히 피해 회복이 요원한 피해자가 많고요. 근본적으로는 전세사기를 예방할 수 있도록 관련 제도를 개선해야죠. 이 정부는 관심이 없는 거 같지만 계속 이야기하려고요. 방법은 쭉 고민하겠지만 어쨌든 더 절실하고 끈질기게 목소리 내는 쪽이 결국은 상황을 바꿀 거라고 믿어요.

'모기 밥상'과 다시 만난 세계

에필로그

인터뷰로 얻어들은 이야기 중 잊히지 않는 에피소드들이 있다. 하나를 꼽자면 안상미 전세사기·깡통전세 피해자 전국대책위원장의 '모기 밥상' 이야기다. 모기 밥상은 그녀가 사는 인천 미추홀구 아파트 건물 1층에 놓였던 나무 평상인데, 2023년 여름 내내 주민들이 거기 마주 앉는 일이 많았다고 한다. 그해는 유난히 뜨겁고 질긴 여름이었는데 말이다.

"아파트는 오래 살아도 이웃을 사귄다는 게 쉽지 않잖아요. 철문 닫고 들어가면 앞집에 누가 사는지도 잘 모르고, 누굴 마주쳐도 인사 나눌 일이 별로 없고. 근데 힘든 일로 모여서 1~2년을 같이 활동하다 보니 '진짜 이웃'이 되더라고요. 연고 없던 동네에 반가운 얼굴들이 생겼죠. 첨엔 쭈뼛쭈뼛 건물 앞에서 필요한 말만 짧게 나눴는데, 점점 1층 공용 공간에 상을 하나 만들자는 이야기가 나왔어요. 거기 모여서 회의하는 게 자연스러워졌고요. 그런 날이 쌓여서 필요 이상의 이야기도 나누게 되고, 같이 고기도 구워 먹게 되고. 그 자리를 제가 모기 밥상이라고 불렀어요. 여름에 거기 모여 있으면 다들 모기 밥이 되니까. 그게 모기 밥상이지 뭐예요?"

참 기발하다고 느낀 단어를 인터뷰 날 이후 간혹 생각할 때마다 활짝 웃는 안상미 씨 얼굴이 잔상처럼 떠올랐다. 대화 끝 무렵에 나온 그 에피소드에 그녀가 얘기 중 처음으로 활짝 웃었기 때문이다. 그 사실을 알려줬더니 한 번 더 웃으며 말을 덧붙였었다.

"사람들 생각하면 좋은 것도 많나 봐요. 사실 미추홀구 피해자들은 그런 얘기 많이 들었어요. 피해자가 왜 이렇게 밝냐고. 얘기하다 보니 사기 때문에 얻은 것도 있구나 싶네요."

제도 속 피해자가 되고, 그 구조적 결함을 인정시키는 싸움을 치르는 과정에서 안상미 씨는, 피해자들은 저마다 '든든한 사람들'을 새로 경험했다. 이웃사촌도, 존재를 몰랐던 시민사회도 거기 포함됐다. 전세사기가 사회적 재난으로 읽히고 다뤄질 때까지 그 책임과 해결을 당당히 요구하는 활동으로 나아갈 수 있었던 데는 법과 제도가 아니라 그런 관계망이 버팀목이 돼줬다. 위기의 관계망이 전혀 생성되지 않는 사회는 아니라 다행이다 싶으면서도 의문은 남았다. '그 관계망조차 너무 멀리 있던 사람들은?' 피해자들은 가장 심각한 위기로 몰렸을 때 훨씬 더 강도 높은 자기착취가 유일한 선택지였고, 유일하게 비빌 언덕이던 보증금은 아직 펼치지도 않은 인생을 짓누르는 빚덩어리로 바뀌었다.

안상미 씨의 아파트 104세대 중 한 세대를 제외한 모든 피해 주택의 임대인이었던 남모 씨는 (2심에서 감형된) 7년 형을 2025년 초 확정받았다. 주택

2708채를 보유해 '건축왕'으로 불린 그는 추가 기소된 전세사기 혐의들로 계속 재판받고 있다. 지나간 일은 돌릴 수 없다 치고, '건축왕'에 '빌라왕'에 '빌라의 신'까지 탄생시킨 전세제도는 이제는 혁신적으로 개선됐을까? 관련 법들이 일부 개선됐으나 사기를 피해 갈 수 없는 구멍들은 여전히 존재한다. 다가구의 경우 그 건물에 사는 다른 임차인의 보증금이 얼마인지 속임 없이 확인할 방법이 없고, 신탁부동산이나 바지 임대인 등 정보를 여전히 임대인과 부동산중개인에게 의존할 수밖에 없는 상황도 남았다. 부동산 중개인이 사기에 가담해 피해가 커지는 경우가 드러났음에도 말이다. 모두 계약

정상 유지에 치명적일 수 있는 부분이다.

　전문가들이 한목소리로 이야기하듯 '이제는 전세제도가 없어질 시점'일 수도 있다. 반복되는 그 논의가 시간 문제로 다가오는 현실이다. 전세제도는 물가상승률보다 집값이 더 올라가야만 구조적으로 무리 없이 작동될 수 있고, 한국 사회는 가장 빠른 속도로 고령사회에서 초고령사회로 작년에 진입했다. 주택시장에 새로 진입할 인구가 급격히 줄어들 앞으로의 사회에서 전세제도가 어떻게 유지될까? 그런데 현실엔 높은 주거비와 부족한 공공임대 사이에서 여전히 전셋집이 필요한 사람이 많다. 공공임대는 부족하고, 공공임대와 민간임대 사이 '소셜 하우징'은 아직 실험 단계다. 이 와중에도 전세사기 피해자 접수는 계속된다. 특별법이 두 차례 개정되며 시행 2년을 넘고, 개정 후 (2024년 10월부터) 인정 요건이 더 까다로워졌음에도 피해자 인정 건수는 매달 천여 명을 넘겼다. (2025년 7월에 처음 천 명 밑으로 내려갔다.)

전세사기 사태 전과 같은 사회일 수는 없다. 박혜빈 씨 말대로 "제도는 불완전한 거니까 (어느 시점에) 누군가 피해 볼 수도 있고 시대에 뒤처질 수 있다." 피해를 입고 싸우는 구성원들로 인해 개선되는 사회의 회복력을 나는 믿는다. 그 개선의 근원이 다른 누가 아니라 우리 사회의 가장 약한 고리에 놓인 이용자였다는 사실을, 정책

입안자들이 잊지 않길 바란다. 그럴 때에야
'다시 만난 세계'가 끝없이 이어지지
않을까?

스위트 홈
: 전세사기 피해자들의 주거 여정 이야기

오지은 기록
초판 1쇄 발행···2025년 10월 17일

펴낸이···오지은
편집···오지은
디자인···오혜진(오와이이)
디자인 도움···이주아
인쇄···금강인쇄

펴낸곳···삼프레스
출판 등록···2024년 2월 1일
등록번호···제 2023-000070호
홈페이지···sampress.co
이메일···joh@sampress.co

ISBN 979-11-988772-0-8 00300